VOLKER RÜHE

Betr.:Bundeswehr

Sicherheitspolitik
und Streitkräfte im Wandel

VOLKER RÜHE

Betr.:Bundeswehr

Sicherheitspolitik
und Streitkräfte im Wandel

Schriftenreihe OFFENE WORTE

SEIT  1789

Verlag E. S. Mittler & Sohn · Berlin · Bonn · Herford

Bildnachweis:

Laurence Chaperon, Pressebildagentur LASA, Bonn: 8
Detmar Modes, Bundesministerium der Verteidigung, Bonn: 2
Bundesbildstelle, Bonn: 1

Umschlagbild:

Detmar Modes, Bundesministerium der Verteidigung, Bonn

Zu den Reden im Deutschen Bundestag (Seite 83ff und 121ff) vgl.
Stenografischer Bericht des Deutschen Bundestages
12. Wahlperiode
s. 10562 D — 10567 D und
s. 11483 A — 11485 C

Die Deutsche Bibliothek — CIP-Einheitsaufnahme

Rühe, Volker:
Betr.: Bundeswehr: Sicherheitspolitik und Streitkräfte im Wandel/
Volker Rühe.— Herford: Mittler, 1993
(Offene Worte)
ISBN 3-8132-0431-6
NE: Rühe, Volker: Betreff: Bundeswehr

ISBN 3 8132 0431 6; Warengruppe Nr. 21
© 1993 by Verlag E.S. Mittler & Sohn GmbH, Berlin, Bonn, Herford
Alle Rechte, insbesondere das der Übersetzung, vorbehalten
Umschlag- und Innentitelgestaltung: T. Flexen, Hamburg, unter
Verwendung der o.g. Abbildung
Produktion: Heinz Kameier
Gesamtherstellung: Hans Kock Buch- und Offsetdruck GmbH, Bielefeld
Printed in Germany

Inhalt

Vorwort

Dies ist alles andere als eine leichte Zeit für Verteidigungsminister. Die einstigen Grundlagen militärischer Sicherheitsvorsorge sind zerfallen, neue sind allenfalls in vagen Konturen ersichtlich. Und zugleich fordert die Öffentlichkeit ungeduldig die »Friedensdividende« ein, muß die größte Personal-Organisation der Bundesrepublik in einer Weise vermindert und umgemodelt werden, wie keine andere Bürokratie sich das gefallen ließe. Als Volker Rühe im April 1992 das Verteidigungsressort übernahm, da konnte er nur ahnen, was auf ihn zukam; inzwischen weiß er es.

Die in diesem Band zusammengefaßten Reden des Verteidigungsministers Rühe zeigen die Etappen dieser Erkenntnis. Aber sie sind mehr als nur Momentaufnahmen der Probleme, mit denen er sich gerade herumzuschlagen hat; wenn sie gut sind, dann sind es Zeugnisse des Nachdenkens, des Weiterdenkens. Dies macht ihre Bedeutung aus, hierin liegt ihr Beitrag zur sicherheitspolitischen Debatte in Deutschland und Europa.

Reden von Politikern haben immer mehrere Funktionen auf einmal. Sie müssen Vertrautes wiederholen, schon weil das Nicht-Wiederholen als Politikum gewertet werden könnte. Sie müssen aufrichten, beruhigen, bestätigen oft mehr als anstoßen und anspornen. Sie dürfen nicht nur die Probleme nennen, sondern müssen zugleich auch Lösungen anbieten, selbst wenn es diese nicht gibt, und nehmen dann ihre Zuflucht in Allgemeinplätzen. Kein Wunder, wenn Politikerreden deshalb in der Öffentlichkeit allzu oft als bloße Pflichtübungen und Public Relations-Bemühungen betrachtet werden.

Aber Vorsicht: Es mag zwar viele nichtssagende Reden der Politiker geben. Aber **wenn** sie etwas sagen, dann engagieren sie sich damit auch. Dann wird mit Reden Politik gemacht.

Wie kaum ein anderer westlicher Verteidigungsminister hat Volker Rühe in der gegenwärtigen Umbruchsituation europäischer Sicherheit auf diese Weise durch lautes Nachdenken Politik gemacht. Manche seiner Äußerungen sind vertraut, aber sie erhalten durch Kontinuität nur zusätzliches Gewicht — wie Rühes unermüdliche Forderung, die Deutschen müßten sich, notfalls auch mit Soldaten, im eigenen Interesse am internationalen Krisenmanagement beteiligen. Anderes wird eher angedeutet als ausdefiniert und macht neugierig darauf, ob in kommenden Reden der Faden weitergesponnen wird: wie etwa der Gedanke, Sicherheitspolitik dürfe nicht mehr reaktiv, sie müsse stabilitätsorientiert sein — also weniger Abschreckung von stabilitätsgefährdenden Entwicklungen, als vielmehr Anreiz zu stabilitätsförderndem Verhalten. Manches schließlich steht für Rühes Bereitschaft, frühere Positionen im Lichte der Entwicklungen zu überdenken. Hatte er noch im Frühjahr 1992, wie es die konventionelle westliche Weisheit wollte, vor Überdehnungen des westlichen Bündnisses gewarnt, so wird seither mit jeder Rede sein Drängen spürbarer, Mittel- und Osteuropa an das westliche Sicherheitsnetz anzuschließen. Im Frühjahr 1993 dann legt er das abschließende Ergebnis seines Nachdenkens vor, nämlich Kriterien für eine Nato-Erweiterung nach Osten:

»Ich kann keinen stichhaltigen Grund dafür sehen, künftigen Mitgliedern der Europäischen Union die Nato-Mitgliedschaft vorzuenthalten«.

Auch wer Rühes Schlußfolgerungen nicht immer teilt, wird ihm doch zugestehen, daß er die sicherheitspolitische Debatte angestoßen hat. Nicht viele seiner Vorgänger haben dies vermocht oder auch nur versucht. Aber gerade jetzt ist dieser Anstoß besonders wichtig.

Bonn, im Juni 1993   *Christoph Bertram*

Wandel und Aufbruch der Bundeswehr
Die Armee der Einheit

Rede auf der 33. Kommandeurtagung der Bundeswehr am 14. Mai 1992 in Leipzig.

»Die Bundeswehr ist zentrales Element der Bündnisfähigkeit und der politischen Handlungsfähigkeit Deutschlands.«

Meine Damen und Herren,
Kommandeure der Bundeswehr,

ich spreche heute an einem Ort zu Ihnen, der uns mehr als jeder in den alten Bundesländern vor Augen führt, welch' großes Geschenk der Geschichte die deutsche Einheit ist. Unser Land ist in einer einzigartig günstigen Situation; denn niemals waren die Chancen größer, ein friedliches und freies Europa aufzubauen. Wir als Land im Herzen Europas haben alle Möglichkeiten, Frieden und Freiheit zu bestimmen. Daran muß auch die Bundeswehr mitwirken. Ich setze sehr darauf, daß Sie sich dieser Herausforderung stellen.

Aber uns wächst auch neue Verantwortung zu, die wir mutig wahrnehmen müssen. Unser Land war zu Zeiten des Kalten Krieges in seinem Bewegungsspielraum eingeengt. Jetzt ist Deutschland souverän und geeint. Wir sind frei zu entscheiden. Damit eröffnen sich neue Chancen. Aber wir können auch Fehler machen. Deshalb müssen wir wissen, was auf uns zukommt. Wer über Deutschlands Verantwortung für Europa und die Welt nachdenkt, muß zunächst eine nüchterne Analyse anstellen über die Welt, in der wir leben. Es gilt, die Einmaligkeit neuer Chancen zu nutzen; zugleich müssen wir Risiken meiden und Sicherheitsvorsorge für völlig andere Gegebenheiten als früher betreiben.

Es ist eine anspruchsvolle Aufgabe, in einer diffusen, unübersichtlichen Sicherheitslandschaft den Frieden zu gestalten, krisenträchtige Entwicklungen zeitgerecht zu erkennen und dann vorbeugend das Richtige zu tun. Die Aufgaben der Streitkräfte müssen in diesem Prozeß neu definiert werden. Sie alle sind dazu aufgerufen, mich dabei zu unterstützen. Politik ist nicht Sache der Militärs; aber die Politik braucht militärischen Rat. Außerdem ist es eine Führungsaufgabe ersten Ranges, Ihren Männern klarzumachen, wohin die Reise geht — warum wir etwas tun und anderes lassen. Als Truppenführer diese Herausforderung zu bestehen, das gehört auch zur Inneren Führung.

Sie können von mir als Ihrem neuen Verteidigungsminister erwarten, daß ich Ihnen sage, wie ich die Lage draußen und drinnen beurteile, welche Konsequenzen sich daraus für die Bundeswehr ergeben und wo ich dabei meine Schwerpunkte setze. Ich erwarte von Ihnen, daß Sie mir dabei folgen — kritisch, aber loyal, motiviert und nicht larmoyant. Denn schließlich steht der Aufbau gesamtdeutscher Streitkräfte für neue Aufgaben in einer anderen Zeit dem ursprünglichen Aufbau der Bundeswehr in den 50er Jahren in seiner Bedeutung nicht nach.

Dabei habe ich an der Loyalität der Generale und Admirale zur politischen Führung keinen Zweifel; und die künstliche Diskussion hierüber am Beginn meiner Amtszeit ist ja auch sehr schnell ins Leere gelaufen.

I.

Bevor ich auf die künftigen Aufgaben der Bundeswehr und die Bestimmungsfaktoren ihrer Entwicklung komme, lassen Sie uns zunächst einen Blick auf die aktuellen und absehbaren Entwicklungen werfen, die unsere Sicherheitspolitik beeinflussen. Jeder muß sich damit auseinandersetzen, was sich verändert, denn wir brauchen ein neues sicherheitspolitisches Bewußtsein.

Europa hat in den letzten beiden Jahren ein politisches Erdbeben erlebt. Dabei sind Kräfte freigesetzt worden, die Europas Nachkriegslandschaft grundlegend verändert haben. Wir stehen heute vor der historischen Chance, in Europa eine dauerhafte und gerechte Friedensordnung zu errichten.

Auf unserem alten Kontinent wird Wirklichkeit, was für viele am 21. November 1990 noch Vision zu sein schien — dem Tag, als die Regierungschefs der KSZE-Staaten die Charta von Paris verabschiedeten, die ganz Europa auf die Ideale der Freiheit, der Menschenwürde und der Demokratie verpflichtet.

Aber Europa ist keine Insel des Friedens in einer sonst konfliktträchtigen Welt. Europa ist auch keine Enklave des Wohlstandes. Es gibt eine Fülle sozialer, politischer, ökonomischer, ökologischer und nicht zuletzt strategischer Herausforderungen neuer Qualität. An die Stelle der alten eindimensionalen Bedrohung sind neue, weniger deutliche Risiken getreten. Konflikte, die Jahrzehnte unter der Betondecke des Kommunismus begraben waren, aber nicht gelöst worden sind, brechen heute in Europa um so heftiger auf.

Und Frieden in Freiheit für alle Europäer wird nicht nur davon abhängen, daß Sicherheit und Stabilität vom Atlantik bis zum Ural gewährleistet werden. Sicherheit für Europa muß die breit angelegte Vorsorge gegenüber krisen- und konfliktträchtigen Entwicklungen in anderen Regionen der Welt mit allen Instrumenten einschließen, die uns politisch und wirtschaftlich zur Verfügung stehen. Die Chancen zur Friedensgestaltung in Europa werden wir nur nutzen können, wenn wir diesen möglichen Gefährdungen realistisch begegnen.

Deshalb gilt es, an den Konstanten deutscher Sicherheits- und Verteidigungspolitik festzuhalten. Die NATO ist als einziges funktionierendes Sicherheitsbündnis der Garant für Frieden und Stabilität in Europa. Diese Aufgabe zu erfüllen ist jedoch nur möglich, wenn die NATO nicht überdehnt wird, beispielsweise dadurch daß weitgehende Sicherheitsgarantien für die Staaten der GUS Konflikte in das Bündnis hineingetragen würden, die von ihm nicht zu beherrschen sind.

Die Präsenz amerikanischer Truppen ist in 40 Jahren Bestandteil der europäischen Sicherheitskultur geworden. Auch heute haben sie nicht nur eine unersetzliche sicherheits- und verteidigungspolitische Bedeutung. Sie sind ein zentrales Element der transatlantischen Beziehungen. Die USA sind und bleiben eine atlantische Macht, die auf beiden Ufern des Atlantiks präsent ist und dadurch auch ihr politisches Gewicht in Europa wahrt.

Aber in den USA macht sich nicht zuletzt angesichts der aktuellen wirtschaftlichen Probleme ein Gefühl der Überdehnung breit, 40 Jahre lang zuviel Verantwortung im Bündnis getragen zu haben. Die Europäer werden sehr schnell gezwungen sein, im Rahmen des Bündnisses mehr Verantwortung für ihre Sicherheit zu übernehmen.

Die Konflikte im ehemaligen Jugoslawien sind zudem nur ein Beispiel dafür, daß es Krisensituationen für die Sicherheit Europas und Deutschlands gibt, in denen die NATO weder in der Lage noch willens ist einzugreifen. Die Handlungsfähigkeit der Europäer darf in solchen Fällen aber nicht gelähmt sein. Europa muß die notwendigen Instrumente entwickeln, seine ureigensten Sicherheitsinteressen zu wahren und ein machtpolitisches Vakuum zu verhindern.

Deshalb ist die Entscheidung von Maastricht von strategischer Bedeutung, mit Hilfe der WEU die gemeinsame europäische Sicherheits- und Verteidigungsidentität zu stärken. Hierzu wird auch das Euro-Korps beitragen, das als deutsch-französische Initiative begann, aber gute Chancen hat, wirklich zu einem europäischen Korps zu werden.

Voraussichtlich im Juli wird der Aufstellungsstab seine Arbeit aufnehmen. 1995 soll der Verband einsatzfähig sein und drei Aufträge erfüllen können:

o   den Einsatz im Rahmen der gemeinsamen Verteidigung der Verbündeten entsprechend Art. V des Washingtoner Vertrages oder entsprechend dem Brüsseler Vertrag,

o   den Einsatz zur Aufrechterhaltung und Wiederherstellung des Friedens sowie

o   den Einsatz zu humanitärer Hilfeleistung.

Die Entscheidung über einen Einsatz bleibt bei den jeweiligen Regierungen. Daß dabei kein deutscher Soldat der Assignierung zur NATO entzogen wird, zeigt: Der Aufbau europäischer Sicherheitsstrukturen geschieht mit, nicht gegen die NATO. Er stärkt das Bündnis durch einen stärkeren europäischen Partner, der mehr Verantwortung übernimmt.

Entscheidend ist, daß die Europäer diese Schritte im Einvernehmen vor allem mit den USA gehen und sich davor hüten, falsche Signale zu geben. Die NATO und die amerikanische Präsenz bleiben für Deutschland und für alle Europäer Garanten einer zukunftsträchtigen friedlichen Entwicklung Europas. Die USA und Kanada sind für uns unverzichtbare Stabilitätspartner.

II.

Der Hauptauftrag der Bundeswehr ist und bleibt die Landesverteidigung. Unsere Soldaten haben ihren Eid geleistet auf unsere Verfassung, haben geschworen, Recht und Freiheit Deutschlands zu verteidigen. Dieser Auftrag hat nichts an Aktualität verloren. Auch wenn es dank der Bundeswehr, der erfolgreichen Friedenspolitik der Bundesregierung und der historischen Veränderungen in Europa die existentielle Bedrohung unseres Vaterlandes nicht mehr gibt, so sind doch neue Risiken und Gefährdungen sichtbar geworden.

Dabei wird militärische Sicherheitsvorsorge für jeden Bürger erfahrbar als notwendiges Mittel des Schutzes und der Selbstbehauptung. Der wehrlose Staat kann zum Opfer werden. Daß dies nach innen wie nach außen gilt, wird von der überwiegenden Mehrheit unserer Bürger erkannt und dieser Auftrag der Bundeswehr daher auch von zwei Drittel aller Deutschen eindeutig bejaht.

Die Bundeswehr ist und bleibt das militärische Machtmittel einer ethisch verantworteten und demokratisch legitimierten Sicherheitspolitik. Die Bundeswehr war und bleibt in erster Linie eine Armee im Bündnis und für das Bündnis. So wie das gesamte Bündnis mehr als 35 Jahre lang solidarisch Frieden und Freiheit Deutschlands geschützt hat, wird Deutschland seinen Beitrag leisten, das gesamte Bündnis zu schützen. Dabei geht es nicht um eine abstrakte Aufgabe: Es geht ganz konkret darum, unsere gemeinsame Werteordnung zu bewahren und für Frieden, aber auch für Freiheit, Demokratie und Menschenrechte einzutreten.

Die Bundeswehr ist zentrales Element der Bündnisfähigkeit und der politischen Handlungsfähigkeit Deutschlands. Das politische Gewicht

Deutschlands in der internationalen Politik wird nicht nur von seiner wirtschaftlichen Leistungsfähigkeit und der Stabilität seiner Demokratie, sondern ebenso von dem militärischen Beitrag der Bundeswehr im Bündnis bestimmt.

Neben ihren Bündnisverpflichtungen erwachsen der Bundeswehr neue Aufgaben auch in den bilateralen Beziehungen zu den Streitkräften der mittelosteuropäischen Demokratien. Sie suchen nicht nur unsere politische und wirtschaftliche Unterstützung, sondern auch unsere Hilfe bei der Neuorganisation ihrer Streitkräfte und deren Einordnung in den demokratischen Staat. Das Konzept der Inneren Führung und das Leitbild des »Staatsbürgers in Uniform« sind regelrecht zum »Exportschlager« auf dem Gebiet politischer Software geworden.

Vertrauensvolle Beziehungen nach Osten dienen auch einem erfolgreichen Fortgang von Rüstungskontrolle und Abrüstung. Vorrangig für uns ist in nächster Zeit die Umsetzung des KSE-Vertrages. Seine Verwirklichung bleibt von zentraler Bedeutung für die Stabilität in Europa.

Nach Gesprächen mit Verbündeten und Vertragspartnern werden wir Mitte des Jahres mit der Zerstörung von rund 10 000 Waffensystemen beginnen. Damit setzen wir ein Zeichen für eine schnelle Ratifizierung des Vertrages durch die Staaten der GUS, die in unserem ureigensten Sicherheitsinteresse liegt. Im übrigen wäre es absurd, wenn ein Abrüstungsvertrag Staaten daran hindern würde, ihren Bestand an Waffensystemen zu verringern und ihn damit an eine veränderte internationale Sicherheitslage anzupassen.

Die internationalen Anforderungen an die Bundeswehr wachsen ständig. Am Montag habe ich fast 150 Ärzte und Sanitätssoldaten verabschiedet, die in Kambodscha die medizinische Betreuung der UNO-Kräfte sicherstellen. Dies ist ein politisch bedeutsamer Schritt, der die Bereitschaft des vereinten Deutschlands konkretisiert, größere internationale Verantwortung zu übernehmen. Dabei ist es ein erfreuliches Zeichen, wieviele Freiwillige sich für diesen Einsatz gemeldet haben.

Für mich von großer Bedeutung war, daß auch die Opposition diesem Einsatz zugestimmt hat und daß er damit vom Konsens der demokratischen Parteien des Deutschen Bundestages getragen wird. Denn dieser Einsatz — dies sollten wir uns vor Augen halten — ist in der gegenwärtigen Situation in Kambodscha weder unproblematisch noch ungefährlich.

Im Ministerium habe ich einen Arbeitsstab gebildet, der die notwendigen Führungsaufgaben übernimmt und der unter anderem für die sozialen Probleme der Soldaten verantwortlich ist, insbesondere dafür daß der Kontakt zu den Familien aufrechterhalten wird. Ich selbst werde Ende Mai unsere Soldaten in Phnom Penh besuchen, um mir vor Ort einen unmittelbaren Eindruck von ihren Einsatzbedingungen zu verschaffen und die Bedeutung dieses Einsatzes zu unterstreichen.

Über derartige humanitäre Einsätze hinaus werden wir uns aber bald der Forderung gegenübersehen, auch an Blauhelm-Aktionen der Vereinten Nationen teilzunehmen. Im Parlament gibt es auch hierfür eine breite Unterstützung. Dies sollten wir nutzen, um noch in diesem Jahr die notwendigen Voraussetzungen für einen derartigen Einsatz zu schaffen.

Heute gibt es bereits 40 000 Blauhelme in der Welt. Es wäre für das Ansehen und die politische Stellung des vereinten Deutschlands ein schwerer Schaden, würden wir uns weiterhin verweigern. Es kann nicht in unserem Interesse liegen, daß das vereinte Deutschland auf Dauer außenpolitisch eine Sonderrolle spielt und sich damit international isoliert. Langfristig müssen wir mit allen Rechten und Pflichten an den Aufgaben der Vereinten Nationen teilnehmen.

Niemand sollte allerdings erwarten, daß die Übernahme neuer Aufgaben in der Außenpolitik über Nacht geschieht. Die in vierzig Jahren gewachsenen Instinkte der Menschen lassen sich nicht einfach wegkommandieren. Das Hineinwachsen in eine größere außenpolitische Verantwortung ist ein organischer Prozeß, der Zeit braucht. Dies gilt vor allem für militärische Kampfeinsätze, wie sie im Golf-Krieg im Auftrag der Vereinten Nationen durchgeführt wurden. Allerdings kann kein Zweifel daran bestehen, daß sich Deutschland auf Dauer nicht der Pflicht entziehen kann, auch an Operationen zur Wahrung und Wiederherstellung des Weltfriedens und der internationalen Sicherheit teilzunehmen.

III.

Die Bundeswehr muß sich heute einpassen in ein neues sicherheitspolitisches Umfeld, aber auch in die Bedingungen des deutschen Einigungsprozesses. Die Bundeswehr hat wie keine zweite gesellschaftliche Institution ernst gemacht, die Teilung durch Teilen zu überwinden. Es wurden schnell und sachgerecht neue Prioritäten gesetzt und Vorhaben in den alten Ländern zurückgestellt zugunsten dringend notwendiger Investitionen in den neuen Bundesländern.

Es ist das bleibende Verdienst meines Vorgängers, Dr. Gerhard Stoltenbergs, daß er — auch im Unterschied zu anderen im Kabinett — von Anfang an dafür eingetreten ist, daß aus zwei Armeen, der Bundeswehr und der NVA, die sich Jahrzehnte in feindlichen Bündnissen gegenüberstanden, eine Armee wurde.

Die Verwirklichung der Strukturen und Prinzipien der Bundeswehr in den neuen Bundesländern war und ist für alle Beteiligten eine gewaltige Herausforderung. Auf der einen Seite sind Verständnis und Einfühlungsvermögen für die besondere Situation der Soldaten der ehemaligen NVA gefordert, auf der anderen Seite ein hohes Maß an Flexibilität und Bereitschaft, sich auf Neues einzustellen.

Unsere Bundeswehr hat hierbei Vorbildliches geleistet. Und darauf können wir zu Recht stolz sein. Damit wurde nicht nur in einem Bereich der Gesellschaft die innere Einheit Wirklichkeit. Dies war ein politischer Erfolg, der weit über die Streitkräfte hinaus Zeichen gesetzt hat. Die Folgen dieses Prozesses beschäftigen uns jedoch weiter. Dies gilt nicht zuletzt für das Material der ehemaligen NVA. Hier kann nur die Verschrottung der Weg sein, mögliche Risiken bei der Verwertung auszuschließen.

IV.

Meine Herren, die Bundeswehr steht vor der größten Herausforderung seit ihrer Gründung. Heute vollzieht sich eine zweite Neugeburt – mit all den Chancen, aber auch mit all den schmerzhaften Wehen, die damit verbunden sind.

Die Bundeswehr war wie keine andere Armee im Bündnis ausgerichtet auf die Bedrohung aus dem Osten, auf die Risiken eines Ost-West-Konflikts; ja, diese Bedrohung war der alleinige Ausgangspunkt für ihre Aufstellung. Die Bundeswehr macht deshalb heute auch den größten Wandel von allen Armeen des Bündnisses durch.

o Unsere Armee wird bis Ende 1994 auf 370 000 Mann reduziert; damit entsprechen wir der einseitigen völkerrechtlichen Verpflichtung Deutschlands.
o Die Bundeswehr erhält eine neue Struktur und wird im vereinten Deutschland teilweise neu stationiert,
o und sie folgt der neuen Bündnisstrategie, fügt sich ein in eine grundlegend veränderte NATO-Streitkräftestruktur und erhält schließlich eine europäische Komponente.

Dieser Prozeß bringt erhebliche Belastungen und Ungewißheiten, auch Irritationen mit sich. Wie sollte es anders sein? Es gibt auch Mißverständnisse und Informationsmängel. Dem gilt es abzuhelfen.

Und wir müssen den Prozeß insgesamt positiv sehen. Denn wir dürfen nicht vergessen: Es geht um die Bewältigung der Folgen eines politischen Erfolges, den wir über Jahrzehnte angestrebt haben und zu dem die Bundeswehr maßgeblich beigetragen hat.

Nun brauchen wir mehr denn je den politischen Konsens aller Parteien im Deutschen Bundestag über den Auftrag und die Eckwerte für die heutige Bundeswehr: über den festgelegten Umfang der Streitkräfte, die Wehrpflicht und die Dauer des Grundwehrdienstes. Von diesen Eckwerten, wie sie von der Bundesregierung festgelegt wurden, müssen wir bei der Planung ausgehen. Und wir müssen vor allem davon ausgehen, daß die finanziellen Handlungsspielräume enger werden. Für Verteidigung wird es in Zukunft nicht mehr, sondern weniger Geld geben.

Auch die Bundeswehr muß sparen, wenn alle Kräfte der Gesellschaft angespannt sind, um die Einheit zu vollenden und die internationalen Herausforderungen zu meistern. Aber ich bin entschlossen, diesen Prozeß der Sparsamkeit nicht einfach zu erleiden, sondern die Entwicklung unserer Streitkräfte in Zeiten knappen Geldes dennoch so gut wie möglich zu gestalten. Bei unveränderten Grunddaten und weniger Geld als bisher können wir nicht weitermachen wie bisher. Wir können nicht gleichzeitig

o die Bundeswehr »across the board« modern halten und
o den Ausbildungs- und Übungsbetrieb für eine einsatzbereite und motivierte Armee betreiben und
o die Bundeswehr angemessen sozial absichern und
o die Armee am Arbeitsmarkt konkurrenzfähig halten.

Irgendwo müssen wir Abstriche vornehmen. Ich werde alle Ausgaben ebenso sorgfältig wie rigoros prüfen, ob sie bei einer völlig veränderten Sicherheitslage noch vertretbar sind. Nur was heute und morgen überzeugend begründbar ist, kann in einer Demokratie langfristig durchgesetzt werden und Bestand haben.

Fest steht, daß für die Bedrohungssituation der Vergangenheit heute keine Mark mehr ausgegeben werden darf. Wir können davon ausgehen, daß es einen neuen technologischen Rüstungswettlauf mit Rußland nicht geben wird. Und weder Rußland noch ein anderer europäischer Staat werden in der Lage sein, ein derartiges militärisches Bedrohungspotential aufzubauen, das dem entspräche, das der Warschauer Pakt gegenüber der NATO aufgestellt hat.

Fest steht aber auch, daß die Bundeswehr einsatzbereit sein muß – für andere, für neue Aufgaben. Was dafür unverzichtbar notwendig ist, muß überzeugend begründet werden; und zu dieser Begründung gehört auch der Nachweis, daß das vorhandene Gerät nicht oder nicht mehr brauchbar ist.

Die begrenzten verfügbaren Mittel müssen so rationell wie möglich für die Bundeswehr der Zukunft eingesetzt werden. Dabei lasse ich mich von vier Grundsätzen leiten:

1. Soweit wie möglich möchte ich in Zukunft zwar Forschung und Entwicklung für bestimmte Projekte vorantreiben, aber auf die Produktion erst im Bedarfsfall zurückgreifen. Munition ist hierfür ein gutes Beispiel.

2. Die unabweisbaren Investitionen für die Teile der Bundeswehr, die in besonderem Maße auf akute Erfordernisse zugeschnitten sein müssen, erhalten Vorrang. Nicht alle Truppenteile sind von der veränderten politisch-strategischen Lage gleichermaßen betroffen. Verbände zur humanitären Hilfe, für UN-Einsätze oder zur Krisenreaktion werden rascher benötigt als andere, müssen auch anders ausgestattet sein. Dabei kann es jedoch nur um einen sehr begrenzten Umfang gehen.

3. In der Spannung zwischen begrenzten Mitteln für Investitionen und Betrieb muß gewiß die Ausbildung insgesamt Vorrang haben. Wir müssen zunächst einmal mit dem, was wir haben, einsatzbereit sein. Unsere jungen Wehrpflichtigen müssen einen sinnvollen, fordernden Dienst machen und damit motiviert werden.

4. Wir brauchen in nächster Zeit vor allem Investitionen für die Menschen, für bessere Lebens- und Dienstbedingungen unserer Soldaten und die zivilen Mitarbeiter der Bundeswehr. Ich weiß dabei, welche Probleme bei Standortverlegungen, durch den Nachholbedarf in den neuen Bundesländern, bei der Wohnungssituation oder auch bei der Personalstruktur bestehen und zu lösen sind. Der Mensch muß im Mittelpunkt unserer Anstrengungen stehen.

Die organisatorischen Herausforderungen der Bundeswehrreform dürfen uns nicht den Blick dafür verstellen, daß die Bundeswehr zunächst die größte Personal-Organisation unserer Republik ist. In erster Linie bestimmen Motivation und Einsatzbereitschaft die Leistungsfähigkeit der Bundeswehr; davon hängt ab, ob die Streitkräfte ihren Auftrag erfüllen können. Verantwortung für den Menschen, Fürsorge für die uns unterstellten Soldaten und zivilen Mitarbeiter — beides muß gerade in Zeiten besonderer Beanspruchung im Vordergrund stehen.

Dies gilt natürlich in besonderer Weise auch für die Familien unserer Soldaten. Sie tragen große Belastungen solidarisch mit. Dies ist keine Selbstverständlichkeit in unserer Gesellschaft und verdient Anerkennung und Respekt. Ohne den Rückhalt der Familien sind die Herausforderungen des Dienstes schwerer zu bewältigen. Motivation und Einsatzbereitschaft unserer Soldaten hängen nicht zuletzt davon ab, wie es um ihre Familien gestellt ist – und das müssen wir in unserer Arbeit stets im Auge behalten.

An dieser Stelle möchte ich auch unseren Reservisten danken, die für die Wahrung unserer Sicherheit weiterhin einen unverzichtbaren Dienst leisten. Die neue Reservistenkonzeption trägt der veränderten Sicherheitslage in Europa Rechnung und beinhaltet wesentliche Verbesserungen, die die persönliche Belastung der Reservisten spürbar reduziert. Denn eines ist klar: Auch in Zukunft bleiben wir auf engagierte und motivierte Reservisten angewiesen. Ohne sie können unsere Streitkräfte ihren Auftrag nicht erfüllen.

Sie, die Kommandeure der Bundeswehr, wissen am besten, wie und wo sich der große Umbau der Bundeswehr am meisten auswirkt. Sie wissen, welche Einheiten und Dienststellen, welche Ihrer Soldaten und Familien besonders betroffen sind. All denen müssen Sie sich besonders zuwenden, müssen helfen, persönliche Schwierigkeiten besser zu meistern. Ich weiß, daß Ihre Soldaten in guter Obhut sind. Aber jeder, der in der Bundeswehr Führungsverantwortung trägt, sollte auch jeden Tag ein Beispiel setzen: Führen heißt zuallererst sich kümmern, sich sorgen, heißt teilen und füreinander da sein.

In diesem Kontext wirkt natürlich eine vehement geführte Kampagne für bestimmte Rüstungsprojekte nicht unbedingt angebracht. Ich möchte auch nicht sehen, daß rigoros zugunsten der Modernität des Wehrmaterials argumentiert wird, ohne zugleich auch das Wohl unserer Soldaten im Auge zu haben.

Sie können darauf vertrauen, daß ich das Unverzichtbare und Lebensnotwendige für die Bundeswehr durchzusetzen suche, daß ich mich dabei auf gute und solide militärische Argumente stütze, aber daß ich zugleich auch immer die Gesamtbedürfnisse unserer Bundeswehr im Auge haben werde.

Ich brauche für den komplexen Prozeß der Bundeswehrreform und der Neuorientierung unserer Streitkräfte natürlich die ganze solidarische Kompetenz der militärischen Führung. Aber diese Aufgabe läßt sich nicht allein im Ministerium und nicht allein durch das Ministerium meistern. Ich brauche vor allem auch die tätige Solidarität aller Kommandeure, wenn es darum geht, diesen Prozeß zum Erfolg zu führen, Entscheidungen umzusetzen und zu verstehen, Akzeptanz auch für Unbequemes und für Verzicht zu finden.

In den letzten Monaten haben Sie sich dafür hervorragend eingesetzt. Dafür danke ich Ihnen. Dafür spreche ich Ihnen meine Anerkennung aus. Jetzt weiter geduldige Überzeugungsarbeit zu leisten, das ist intellektuell und charakterlich gefordert. Aber in dieser Zeit des Umbruchs und auf dem Wege zu einer neuen Identität unseres vereinten Deutschlands ist das Mitmachen lohnend und Verpflichtung zugleich.

Die deutsche Einheit ist noch längst nicht vollendet. Wir alle sind aufgerufen, daran zu arbeiten — mit Engagement, mit Opferbereitschaft, mit Verständnis füreinander, vor allem aber mit Optimismus und dem Glauben an unser wiedervereintes Vaterland.

Doch Frieden, Freiheit und Wohlstand sollen nicht nur für uns Deutsche, sondern für alle Europäer Wirklichkeit sein. Dies ist die entscheidende historische Aufgabe deutscher Außenpolitik in den kommenden Jahrzehnten. An ihr wird sich auch die Bundeswehr beteiligen und damit ihren Auftrag fortführen, nicht gegen einen Feind zu stehen, sondern für die gemeinsame Werteordnung der Charta von Paris und für ein freies und vereintes Deutschland in einem freien und geeinten Europa.

Zukunftsaufgaben
deutscher Sicherheitspolitik

Vortrag auf dem 5. Forum »Bundeswehr und Gesellschaft« der »Welt am Sonntag« am 9. Juni 1992 in Berlin.

»Das vereinte und souveräne Deutschland muß seiner gewachsenen außenpolitischen Verantwortung gerecht werden...«

Meine sehr geehrten Damen und Herren,

ich möchte zunächst dem Haus Springer und der »Welt am Sonntag« für ihre verdienstvolle Initiative zu diesem Forum »Bundeswehr und Gesellschaft« danken. Vor vier Jahren haben Sie, lieber Herr Geist, zum ersten Mal nach Hamburg eingeladen; keiner hätte damals je erwartet, daß dieses Forum heute bereits zum zweiten Mal in der Hauptstadt des wiedervereinigten Deutschlands tagen würde.

Auch daran wird deutlich, wie rapide und wie grundlegend sich die europäische Sicherheitslandschaft verändert hat. Die aggressive Ideologie des Sozialismus ist gescheitert. Der Warschauer Pakt existiert nicht mehr, die ehemals sowjetischen Truppen ziehen aus Deutschland und Polen ab, eine existentielle militärische Bedrohung Deutschlands gibt es nicht mehr.

Das Scheitern des Sozialismus hat ein politisches Erdbeben ausgelöst, und Europa ist noch nicht wieder zur Ruhe gekommen. Es wird noch viele Jahre dauern, bis sich neue politische Strukturen herauskristallisieren. Vor uns liegen Jahre des kontinuierlichen Wandels — eines Wandels, den wir gestalten und beherrschen müssen. Es reicht nicht aus, den Kalten Krieg zu gewinnen. Jetzt müssen wir auch den Frieden gewinnen.

Ob es uns gefällt oder nicht: Als Land in der Mitte Europas und mit seinem politischen und wirtschaftlichen Gewicht kommt Deutschland dabei eine Schlüsselrolle zu. Das vereinte und souveräne Deutschland muß seiner gewachsenen außenpolitischen Verantwortung gerecht werden, wenn wir die Chancen zur Friedensgestaltung nutzen wollen.

Die Staaten Mittel-, Ost- und Südosteuropas und der ehemaligen Sowjetunion befinden sich in einer höchst labilen Umbruchsituation. Die wirtschaftliche, soziale und ökologische Erblast des Sozialismus birgt Sprengstoff für Stabilität und Sicherheit auf unserem Kontinent. Stabilität für Europa wird es ohne Stabilität im Osten unseres Kontinents nicht geben. Jede Investition in den politischen und wirtschaftlichen Reformprozeß unserer östlichen Nachbarn ist daher immer auch eine Investition in unsere eigene Sicherheit.

Militärische Sicherheitsvorsorge, Krisenerkennung und Krisenmanagement behalten ihre Bedeutung. Denn an die Stelle der eindimensionalen militärischen Bedrohung des Kalten Krieges sind neue, weniger deutliche Risiken getreten. Ungelöste nationale und ethnische Rivalitäten, territoriale Streitigkeiten und Minderheitenkonflikte, die über Jahrzehnte durch die Betondecke der kommunistischen Diktatur zugedeckt waren, drohen jetzt um so vehementer hervorzubrechen.

Frieden in Europa und für Europa werden aber nicht nur davon abhängen, daß wir zwischen Atlantik und Ural Sicherheit und Stabilität gewährleisten können. Europa ist keine Insel des Friedens und des Wohlstands in einer sonst konfliktträchtigen Welt.

Sicherheit für Europa erfordert auch eine breit angelegte Vorsorge gegenüber krisen- und konfliktträchtigen Entwicklungen in anderen Regionen der Welt. Besonders an der südlichen Peripherie unseres Kontinents ist die Zone vom Maghreb über den Nahen und Mittleren Osten bis in die südlichen Staaten der GUS von einem hohem Maß politischer Instabilität geprägt.

Meine Damen und Herren, die transatlantischen Beziehungen sind auch für das vereinte Deutschland Kernelement unserer Außen- und Sicherheitspolitik. Das Atlantische Bündnis und die Präsenz amerikanischer Truppen sind in 40 Jahren Bestandteil der europäischen Sicherheitskultur geworden, und das geht weit über deren militärische Bedeutung hinaus. Die USA sind und bleiben eine atlantische Macht, die auf beiden Ufern des Atlantiks präsent ist.

Die NATO bleibt als Sicherheits- und Verteidigungsbündnis die Grundlage unserer Sicherheit. Als einziges funktionierendes Bündnis ist sie der Garant für Frieden und Stabilität und für eine politische und militärische Sicherheitsbalance in Europa. Damit die Allianz ihre Aufgabe erfüllen kann, darf sie nicht überdehnt werden, beispielsweise indem durch weitgehende Sicherheitsgarantien für die Staaten der GUS Konflikte in das Bündnis hineingetragen würden, die nicht zu kontrollieren sind.

Aber auch die NATO verändert sich und weitet ihre politische Rolle aus. Mit dem Nordatlantischen Kooperationsrat wurde ein Forum für Dialog und Kooperation mit den östlichen Partnern geschaffen. Auf ihrer Kopenhagener Tagung im Juni vergangenen Jahres hat sich die NATO zu ihrer Sicherheitsverantwortung für ganz Europa bekannt: »Unsere Sicherheit ist unteilbar von der aller anderen europäischen Staaten«.

Der NATO-Gipfel in Oslo hat dies jetzt konkretisiert: Die NATO-Staaten sind bereit, im Einzelfall der KSZE für friedenserhaltende Maßnahmen ihre Ressourcen und ihr Fachwissen zur Verfügung zu stellen. Die Hauptaufgabe der NATO bleibt jedoch der Schutz des Bündnisses, die Wahrung der Sicherheit und Integrität seiner Mitgliedstaaten. Erst wenn sie diesen Auftrag erfüllt, kann sie auch der Stabilitätsanker für ganz Europa sein.

In den USA macht sich nicht zuletzt angesichts der aktuellen wirtschaftlichen Probleme das Gefühl breit, die eigenen Kräfte überdehnt, 40 Jahre lang zuviel Verantwortung im Bündnis und in der Welt getragen zu haben.

Die Konflikte im ehemaligen Jugoslawien sind zudem nur ein Beispiel dafür, daß es Krisensituationen für die Sicherheit Europas und Deutschlands gibt, in denen die NATO weder in der Lage noch willens ist einzugreifen. Europa muß in solchen Fällen handlungsfähig sein und über die notwendigen Instrumente verfügen, um seine ureigensten Sicherheitsinteressen wahren zu können. Daher ist die Entscheidung von Maastricht von strategischer Bedeutung, mit Hilfe der WEU die gemeinsame europäische Sicherheits- und Verteidigungsidentität zu stärken.

Das Ergebnis des dänischen Referendums ist ein schwerer Rückschlag für diese Entwicklung. Es zeigt, wie wichtig es ist, der Bevölkerung argumentativ den Sinn und die Ziele der politischen Integration Europas zu erklären. Zu lange hat sich diese Diskussion allein in den Kreisen der Fachleute bewegt. Aber Europa ist ohne die Zustimmung seiner Bürger nicht zu verwirklichen. Die Ziele und Inhalte der Maastrichter Beschlüsse behalten jedoch ihre politische Bedeutung. Wir werden alles tun, damit sie auch unter den veränderten Bedingungen konsequent verwirklicht werden können.

Meine Damen und Herren, das Euro-Korps, das auf dem deutsch-französischen Gipfel in La Rochelle am 22. Mai vereinbart wurde, ist eine weitere wichtige Bereicherung der europäischen Sicherheitslandschaft. Im Juli wird der Aufstellungsstab seine Arbeit aufnehmen und bis 1995 soll der Verband einsatzfähig sein. In der Perspektive der Europäischen Union soll er dann unter Wahrung der nationalen verfassungsrechtlichen Grenzen sowie der Bestimmungen der Charta der Vereinten Nationen drei Aufträge erfüllen können:

o   den Einsatz im Rahmen der gemeinsamen Verteidigung der Verbündeten entsprechend Art. V des Washingtoner Vertrages oder entsprechend dem Brüsseler Vertrag,

o   den Einsatz zur Aufrechterhaltung und Wiederherstellung des Friedens sowie

o   den Einsatz zu humanitärer Hilfeleistung.

Die Entscheidung über einen Einsatz bleibt bei den jeweiligen Regierungen.

Die WEU als Bindeglied zwischen NATO und der sich entwickelnden Europäischen Politischen Union ist das politische Dach des Euro-Korps. Das Europäische Korps wiederum ist nur ein militärischer Beitrag zur WEU. Und ich bin zuversichtlich, daß sich schon bald weitere Staaten am Euro-Korps beteiligen werden, das damit zu einem wirklichen europäischen Korps wird.

Aber es ist auch im strategischen Interesse der USA, daß ein stärkerer europäischer Partner mehr Verantwortung für seine Sicherheit übernimmt.

Es geht nicht um eine Wachablösung der Amerikaner oder einen Ersatz für die Allianz, sondern um eine Ergänzung, um zusätzliche Handlungsmöglichkeiten für neue Herausforderungen.

Die Europäer werden ihren Weg mit den Nordamerikanern gehen, wobei sie es vermeiden müssen, falsche politische Signale zu geben. Die USA und Kanada sind und bleiben unverzichtbare Stabilitätspartner und Garanten einer zukunftsträchtigen, friedlichen Entwicklung Europas. Transparenz und Komplementarität sind deshalb die entscheidenden Grundsätze bei der Ausgestaltung europäischer Sicherheitsstrukturen mit, nicht gegen die NATO.

Es bleibt bei der Zusage von Bundeskanzler Helmut Kohl, daß die deutschen Kräfte, die für das Euro-Korps bestimmt sind, nicht aus ihrer bestehenden NATO-Assignierung herausgelöst werden. Sie erhalten eine zusätzliche Aufgabe, bleiben aber für die NATO voll verfügbar. Auch in der Presseerklärung über die Sitzung des deutsch-französischen Sicherheits- und Verteidigungsrates haben wir noch einmal klargestellt, daß die nationalen Beiträge zum Euro-Korps die bestehenden Verpflichtungen gegenüber anderen Organisationen nicht berühren.

Zudem betrifft die erste der Aufgaben des Euro-Korps den gemeinsamen Einsatz im Rahmen der NATO entsprechend Art. V des Washingtoner Vertrages. Das Verhältnis der französischen Einheiten im Korps zur Allianz erhält damit eine neue Qualität. Das Europäische Korps kann wie andere nationale und multinationale Kräfte sowohl im Rahmen der WEU wie auch als ein besonderer europäischer Beitrag im Rahmen der NATO eingesetzt werden. Frankreich stellt dabei seine diesem Korps angehörenden Truppen je nach Lage den Krisenreaktions- oder den Hauptverteidigungskräften der NATO zur Verfügung. Dies ist ein bedeutsamer politischer Fortschritt.

Deutschland hat dem Auftrag des Euro-Korps nur unter dem Vorbehalt der Beachtung seiner gegenwärtigen verfassungsrechtlichen Situation zustimmen können. Für uns Deutsche stellt sich hier die Frage der Europafähigkeit unserer Sicherheitspolitik. Es kann nicht in unserem Interesse sein, daß das vereinte und souveräne Deutschland außenpolitisch dauerhaft eine Sonderrolle spielt und sich isoliert. Langfristig muß es alle seine

Rechte und Pflichten bei der Wahrung und Wiederherstellung des Friedens und der internationalen Sicherheit wahrnehmen können.

In der Bundesrepublik ist jedoch in 40 Jahren eine Kultur der Zurückhaltung entstanden, die das Denken, Fühlen und die Instinkte der Menschen tief geprägt hat. Daher gibt es für derartige Kampfeinsätze derzeit weder eine parlamentarische Mehrheit noch Konsens in der Bevölkerung. Das Hineinwachsen in eine größere internationale Verantwortung des wiedervereinten Deutschlands muß ein organischer Prozeß sein, der Zeit braucht. Und dies findet auch bei unseren Partnern und Verbündeten Verständnis.

In Kambodscha sind jetzt fast 150 Sanitätssoldaten der Bundeswehr im Einsatz und stellen die medizinische Betreuung der 22 000 militärischen und zivilen Angehörigen der UNTAC-Mission der Vereinten Nationen sicher. Die UNTAC steht in Kambodscha nicht nur vor der Aufgabe, den Waffenstillstand zu garantieren. Sie übernimmt bis zur Abhaltung freier Wahlen praktisch die Regierung, sie muß diese Wahlen vorbereiten und nicht zuletzt fast 400 000 Flüchtlinge repatriieren.

Der Erfolg oder das Scheitern dieser Operation haben Signalwirkung für die zukünftige politische Bedeutung der UNO in der Welt. Auch deshalb ist es von so großer Bedeutung, daß Deutschland sich hier engagiert hat.

Der Einsatz in Kambodscha ist eine rein humanitäre Aktion. Der nächste logische Schritt für uns Deutsche muß die Beteiligung an Blauhelm-Aktionen sein. Heute sind weltweit mehr als 40 000 Blauhelme im Einsatz, und es wäre dem deutschen Ansehen in der Welt schädlich, wenn wir uns den Erwartungen unserer Freunde und Partner entziehen würden.

Im Deutschen Bundestag gibt es für solche Einsätze bereits eine grundsätzliche politische Zustimmung. Ich werde mich darum bemühen, in Gesprächen mit den politischen Parteien des Deutschen Bundestages noch in diesem Jahr nun auch die notwendigen Voraussetzungen für einen Einsatz deutscher Soldaten im Rahmen von Blauhelm-Aktionen der Vereinten Nationen zu schaffen. Unsere Soldaten müssen wissen, daß nicht nur ihre unterhalts- und versorgungsrechtliche Situation eindeutig geklärt ist. Sie müssen auch die Gewißheit haben, daß die überwiegende Mehrheit des Deutschen Bundestages hinter ihnen steht.

Eine derartige politische Entscheidung müssen wir jetzt inhaltlich vorbereiten. Dabei wollen wir vor allem die Erfahrungen von Ländern wie Österreich nutzen, die sich schon Jahrzehnte an Blauhelm-Aktionen der UNO beteiligen.

Meine Damen und Herren, neben der Atlantischen Allianz und der sich entwickelnden Politischen Union erhält auch die KSZE eine neue Qualität in der europäischen Sicherheitspolitik. Die KSZE bildet den Rahmen für den Aufbau einer Friedensordnung von Vancouver bis Wladiwostock, für eine umfassende Zusammenarbeit in Politik, Wirtschaft, Umweltschutz, Gesellschaft und Kultur in Europa. Die Friedensfunktion der KSZE sollte jetzt vor allem dadurch weiter gestärkt werden, daß sie sich zu einer regionalen Abmachung im Sinne des Kapitels VIII der Charta der Vereinten Nationen entwickelt und damit auch ein Mandat für friedenserhaltende Maßnahmen erhält.

Neben Krisenverhütung und Krisenmanagement ist der Prozeß von Abrüstung und Rüstung in Europa ein zentrales Handlungsfeld der KSZE. Es liegt im vorrangigen sicherheitspolitischen Interesse aller Europäer, daß der Vertrag von Wien möglichst bald von allen beteiligten Staaten ratifiziert und umgesetzt wird.

Nach Gesprächen mit unseren Verbündeten habe ich beschlossen, daß wir Mitte des Jahres einseitig mit der Zerstörung von rund 10 000 Waffensystemen beginnen, die diesem Vertrag unterliegen. Damit setzen wir auch ein Zeichen für eine schnelle Ratifizierung des Vertrages durch die Staaten der GUS. Hierfür ist der Weg nun frei, nachdem diese bei der Tagung des NATO-Kooperationsrates in einem Zusatzdokument die Rechte und Pflichten der ehemaligen Sowjetunion in diesem Vertrag übernommen haben. In einem europäischen Sicherheitssystem ist der Beitrag von Abrüstung und Rüstungskontrolle zu Gleichgewicht und Stabilität sowie zum gegenseitigen Vertrauen unverzichtbar.

Meine Damen und Herren, zu den Zukunftsaufgaben deutscher Sicherheitspolitik gehört für mich auch eine zukunftsorientierte Bundeswehrpolitik. Am morgigen Tag werden Sie sich in mehreren Podiumsgesprächen intensiv mit der Situation der Bundeswehr beschäftigen, die heute ohne Zweifel eine Art zweite Neugeburt durchmacht:

o Unsere Armee wird bis Ende 1994 auf 370 000 Mann reduziert.

o Die Bundeswehr erhält eine neue Struktur und wird im wiedervereinten Deutschland teilweise neu stationiert.

o Unsere Streitkräfte werden in die neue Strategie und Streitkräftestruktur der NATO eingefügt und erhalten mit ihrer Beteiligung am Euro-Korps eine europäische Komponente.

In dieser Umbruchphase muß sich die Bundeswehrplanung an zwei Vorgaben orientieren. Erstens hat die Bundesregierung mit der Beibehaltung der Allgemeinen Wehrpflicht, der Dauer des Grundwehrdienstes von zwölf Monaten und der Festlegung des Friedensumfanges auf 370 000 Soldaten die Eckwerte für die Bundeswehrreform festgelegt. Zum Zweiten hat sich der finanzielle Rahmen der Bundeswehrplanung dramatisch verändert. Gegenüber den Erwartungen des Bundeswehrplanes 1993 stehen uns 20 Mrd DM weniger zur Verfügung als bisher vorgesehen.

Es ist unbestritten: Angesichts der großen nationalen und internationalen Anforderungen an Deutschland muß auch die Bundeswehr ihren Beitrag leisten zur Sparsamkeit. Wer aber diesen dramatischen Prozeß der Sparsamkeit nicht nur erleiden, sondern auch gestalten will, muß sich von klaren Grundsätzen leiten lassen:

1. Die laufenden und zukünftigen Rüstungsprojekte müssen vor dem Hintergrund der veränderten Sicherheitslage überprüft und neu gerechtfertigt werden. Für die Bedrohungssituation der Vergangenheit darf heute keine Mark mehr ausgegeben werden.

2. Die Bundeswehr insgesamt hat Anspruch auf modernes und aufgabengerechtes Gerät. Auch wenn es nur um einen sehr begrenzten Umfang geht, müssen Schwerpunkte bei der Ausrüstung derjenigen Einheiten gesetzt werden, die für neue Aufgaben bei der humanitären Hilfe, bei

UN-Einsätzen und bei der Krisenreaktion vorgesehen sind. Wir müssen als nächsten Schritt die Bundeswehr auch materiell in die Lage versetzen, an Einsätzen »out of Germany in the area« teilnehmen zu können.

3. Wir müssen kreativ nach neuen Ansätzen zur Sparsamkeit suchen. Ein möglicher Weg, beispielsweise im Bereich der Munition, scheint mir zu sein, in Zukunft bei bestimmten Projekten Forschung und Entwicklung zu beenden, jedoch die Produktion erst im Bedarfsfalle aufzunehmen.

4. Die Leistungsfähigkeit der Bundeswehr wird nicht zuletzt von Motivation und Einsatzbereitschaft unserer Soldaten bestimmt. Deshalb brauchen wir Investitionen für die Menschen, für bessere Lebens- und Dienstbedingungen unserer Soldaten wie auch der zivilen Mitarbeiter der Bundeswehr. Im Mittelpunkt unserer Anstrengungen muß der Mensch stehen.

5. Seit Beginn des Wiedervereinigungsprozesses war es das politische Ziel, daß aus zwei Armeen, die sich jahrzehntelang in feindlichen Bündnissen gegenüberstanden, eine Armee wird. Die Bundeswehr hat in ihrem Bereich Vorbildliches geleistet, die innere Einheit Deutschlands zu vollenden. Aber auch in Zukunft müssen die Prioritäten richtig gesetzt werden: In den neuen Bundesländern gibt es einen unabweisbaren Nachholbedarf, die Qualität der Standorte zu verbessern.

Die Bundeswehr wird diese schwierige Umbruchphase nicht ohne die Unterstützung von Politik und Gesellschaft bewältigen können. Ich bin aber überzeugt davon, daß die Bundeswehr kein Stiefkind der Gesellschaft ist. Angesichts der jüngsten Krisen und Konflikte hat jeder Bürger erfahren können, daß der militärische Schutz und die Risikovorsorge für unser Land unverzichtbar sind. Der Auftrag der Bundeswehr zur Landesverteidigung wird von mehr als 80 Prozent unserer Bevölkerung eindeutig bejaht.

Zugleich wird akzeptiert, daß die Bundeswehr eine Armee im und für das Bündnis ist. Deutschland wird auch in Zukunft seinen Beitrag leisten, das gesamte Bündnis zu schützen, so wie das Bündnis mehr als 35 Jahre lang solidarisch Frieden und Freiheit Deutschlands gesichert hat. Zudem wächst das Bewußtsein, daß dieser militärische Beitrag der Bundeswehr im Bündnis das politische Gewicht Deutschlands in der internationalen Politik ebenso bestimmt wie die wirtschaftliche Leistungsfähigkeit und die Stabilität der Demokratie unseres Vaterlandes.

Damit leistet die Bundeswehr zugleich ihren Beitrag zu einer Außen- und Sicherheitspolitik des vereinten Deutschlands, die seiner gewachsenen, internationalen Verantwortung gerecht wird. Frieden und Freiheit zu gewährleisten, Demokratie und Menschenrechte zu schützen, das ist auch in Zukunft Aufgabe und Verpflichtung der Bundeswehr.

Strategie im Wandel

Rede auf dem Seminar »Un nouveau débat stratégique« des französischen Verteidigungsministeriums am 29. September 1992 in Paris.

»Benötigt wird ein flexibles Instrumentarium internationaler Politik...«

I.

Ich danke Ihnen, daß Sie mich zu diesem Seminar eingeladen haben; denn ich begrüße es, daß im europäisch-amerikanischen Kontext über eine neue Strategie für eine neue Zeit diskutiert wird.

Nach der klassischen Definition ist Strategie die Verknüpfung von Kräften und Zielen – ein System zum Gebrauch verfügbarer Ressourcen und Möglichkeiten, mit dem angestrebte Ziele erreicht werden sollen. Militärstrategie konzentriert dieses Verfahren auf den Gebrauch militärischer Möglichkeiten. Die frühere NATO-Strategie orientierte sich sogar ausschließlich an den strategischen Grundsätzen und militärischen Fähigkeiten des Warschauer Paktes.

Nach dem politischen Erdbeben, das Europa in den letzten drei Jahren erlebt hat, ist klar: die frühere Ost-Ausrichtung und militärische Verengung strategischen Denkens ist durch die Geschichte obsolet geworden. Die Welt von heute verlangt, unserer Sicherheitspolitik und Strategie neue Inhalte zu geben.

Wer cartesianischer Logik folgt, der stellt an den Anfang dieses Prozesses eine Lage-Analyse. Für Europa und vor allem für uns Deutsche hat die fundamentale Veränderung der Lage einen dramatischen Zugewinn an Sicherheit gebracht:

o   Die größte und gefährlichste Militärkonzentration in der Geschichte der Menschheit ist in kurzer Zeit abgebaut. Deutschland liegt nicht mehr in operativer Reichweite eines zur strategischen Offensive und Landnahme befähigten Staates, nachdem der aggressive Kommunismus überwunden und der Warschauer Pakt zerfallen ist.

o Das deutsche Sicherheitsdilemma der Nachkriegszeit — der Widerspruch zwischen schützender nuklearer Abschreckung und der Gefahr, nukleares Schlachtfeld zu werden — hat sich aufgelöst.

o Deutschland ist nicht länger Frontstaat und auch nicht mehr in der geschichtlich belasteten geopolitischen Mittellage. Zentraleuropa ist zur strategischen Ruhezone geworden.

o Deutschland — das Land mit den meisten Grenzen in Europa — ist heute umgeben von Verbündeten und befreundeten Partnern; im Osten unseres Kontinentes sind neue Staaten und Demokratien entstanden.

II.

Aber Deutschland ist ebensowenig wie Europa eine Enklave des Friedens und Wohlstands in einer unruhigen und konfliktträchtigen Welt. Zwar ist die Gefahr einer nuklearen Auseinandersetzung weit in den Hintergrund unserer strategischen Wahrnehmung getreten; aber zeitgleich hat die Gefahr regionaler Krisen und Konflikte zugenommen.

Meine Landsleute beginnen erst zögernd, in weitergefaßten strategischen Kategorien zu denken und globale Entwicklungen auch in ihrer strategischen Qualität zu sehen. Dafür gibt es gute Gründe. Unser Denken war in der Nachkriegszeit weitgehend eurozentrisch angelegt; denn wir lebten auf dem nuklearen Pulverfaß. Außerdem haben die schrecklichen Ereignisse des Zeiten Weltkrieges zu tiefgehenden Einsichten geführt. Ich spreche in diesem Zusammenhang gerne über die bei uns gewachsene Kultur der Zurückhaltung, die ja über die Jahre durchaus zum Merkmal deutscher Berechenbarkeit geworden ist.

Wenn nun zu Recht von unseren Verbündeten und von der Völkergemeinschaft größere internationale Verantwortung gefordert wird, dann muß der dafür notwendige Mentalitätswandel bei den Deutschen behutsam und mit Geduld vorangetrieben werden; dazu gehört aber auch, meinen Landsleuten klar zu machen, was auf uns zukommt, welche Entwicklungen unser politisches und strategisches Denken künftig bestimmen werden.

Ich sehe risikobehaftete Entwicklungen vor allem auf drei Feldern:

Erstens: Im ehemals kommunistischen Osten sind lange unterdrückte Spannungen freigesetzt. Alter Nationalismus bricht sich wieder Bahn. Die systematische, vertiefte Integration im westlichen Europa wird begleitet von rapider und unberechenbarer Desintegration im Osten Europas. Der Zerfall der früheren Sowjetunion ist mit Risiken verbunden, die nicht nur ethnisch, religiös und nationalistisch geprägt und mit Minoritätenproblemen ungeahnten Ausmaßes verbunden sind, sondern auch die Sicherheit von Nuklearwaffen betreffen.

Zweitens: In vielen Regionen der Dritten Welt wird die Entwicklung doppelt behindert — wirtschaftlich durch begrenzte Ressourcen, Verschuldung, Bevölkerungsexplosion und desolate ökologische Bedingungen, militärisch durch Überbewaffnung, religiöse und Stammeskonflikte, die der Wirtschaft schaden, die Umwelt zerstören und die Menschen existentiell bedrohen. Auch wir Deutsche wissen, daß das Krisenpotential, mit dem Frankreich und Spanien an ihrer nordafrikanischen Gegenküste direkt konfrontiert sind, ein Problem für ganz Europa darstellt. Gefordert ist eine präventive Sozial- und Wirtschaftspolitik, an der sich ganz Europa beteiligt.

Drittens: Die hier skizzierten Entwicklungen werden negativ beeinflußt durch die Proliferation von Waffen und Rüstungstechnologie. Hier liegt eine wichtige Aufgabe künftiger Rüstungskontrollpolitik. Die Abrüstung alter Art war in der Konstellation des Kalten Krieges ein Sicherheitsinstrument von vitaler Bedeutung. In Verhandlungen ist vertraglich fixiert, was unsere Völker zu Recht als Friedensdividende ansehen können: 40 Prozent der konventionellen Kräfte in Europa und 70 Prozent der nuklearstrategischen Kräfte werden vernichtet. Aber künftig braucht Arms Control einen neuen, auf regionale Stabilität und auf Vertrauensbildung gerichteten Ansatz, der hilft, durch politische Lösungen von Krisen und Konflikten neues regionales Wettrüsten zu verhindern.

III.

Aus den grundlegend veränderten strategischen Rahmenbedingungen lassen sich drei Schlußfolgerungen ziehen, die für unsere künftige Verteidigungspolitik von Gewicht sind:

Erstens: Eine existenzgefährdende, groß angelegte Aggression in Europa ist heute mehr als unwahrscheinlich. Wir gehen in unserer Streitkräfteplanung für unsere Hauptverteidigungskräfte deshalb von einer Warnzeit von mindestens einem Jahr aus.

Zweitens: Innerhalb und außerhalb Europas gibt es wachsendes Krisenpotential, das vielfältige Ursachen hat, die militärisch nicht auszubalancieren sind.

Drittens: Die Internationalität der Konfliktherde bezieht die Staatengemeinschaft stets rasch mit ein. An die Fähigkeit zum Krisenmanagement werden neue Aufgaben gestellt. Gebraucht werden dazu auch sofort verfügbare, hochmobile Krisenreaktionsstreitkräfte und UN-Truppenkontingente.

Es gilt, diese drei strategischen Eckwerte im Auge zu haben, wenn wir eine tragfähige sicherheitspolitische Konzeption für die Zukunft entwickeln. Wir müssen zweierlei miteinander verbinden:

o die Konstanten europäisch-atlantischer Sicherheitspolitik, die auf gemeinsamen Wertvorstellungen und Interessen beruhen und
o schlüssige Antworten auf die drängenden Fragen unserer Zeit.

Benötigt wird ein flexibles Instrumentarium internationaler Politik, um globale und regionale Probleme zu meistern. Die Sicherheitslandschaft liegt in diffusem strategischen Licht. Es macht keinen Sinn, sich auf ein festgelegtes Szenario einzurichten. Deshalb bemüht sich die deutsche Bundesregierung um einen flexiblen Verbund aller Möglichkeiten, die UNO, KSZE, NATO und WEU bieten. Keine dieser Institutionen kann und soll die andere ersetzen; aber sie sollen sich ergänzen und so ihre Kräfte synergetisch entfalten.

Die Vereinten Nationen werden in bisher nicht gekanntem Ausmaß zum Handeln gezwungen sein. Schon heute ist die in UNO in 13 friedenserhaltenden und zwei friedensüberwachenden Operationen mit insgesamt 48000 Soldaten und zivilen Helfern engagiert.

Die Nordatlantische Allianz ist auf gutem Wege ein zeitgemäßes neues Selbstverständnis zu finden. Das Bündnis verbindet Europa und Nordamerika; und es liegt in unserem vitalen Interesse, daß die USA an den europäischen Prozessen teilhaben – politisch, ökonomisch und strategisch. Das zusammenwachsende Europa kann unseren amerikanischen Freunden nicht zumuten, den strategischen Schutz der USA in Anspruch zu nehmen, zugleich aber die Amerikaner auszugrenzen.

Was wir brauchen, ist eine neue Partnerschaft unter Gleichen und einen amerikanischen Partner, der das neue Europa verantwortlich mitgestaltet. Dazu gehört auch die Präsenz amerikanischer Truppen in militärisch signifikanter Größenordnung, die in den letzten Jahrzehnten zum Bestandteil europäischer Sicherheitskultur geworden sind. Eine vertrauensvolle transatlantische Partnerschaft und die Entwicklung einer europäischen Verteidigungsidentität sind kein Gegensatz. Das Bündnis soll durch europäische Handlungsfähigkeit in sich gestärkt und nicht ausgehöhlt werden.

Deshalb macht es auch wenig Sinn, eine europäische Streitkraft auf dem Reißbrett zu entwerfen und dann womöglich zusätzlich zur NATO-Streitkräftestruktur zu realisieren. Niemand kann sich einen solchen Ansatz leisten, und es gibt auch keinen politisch-strategischen Konsens dafür. Aber die Westeuropäische Union, das Instrument europäischer Handlungsfähigkeit, muß natürlich auf Streitkräfte zurückgreifen können. Dazu gehören beispielsweise der britisch-niederländische amphibische Verband und die gerade aufgestellte multinationale Division in Zentraleuropa. Auch die kürzlich zwischen Frankreich, Italien und Spanien verabredete maritime Kooperation im Mittelmeer kann ein Baustein zu einer WEU-Streitkräftestruktur werden – ebenso wie das von Frankreich und Deutschland initiierte Euro-Korps.

Entscheidend ist, daß der Aufbau einer europäischen Verteidigungsidentität nicht als Konkurrenz zur NATO gesehen wird. Deshalb halten wir einen gemeinsamen politischen Rahmen und eine sachgerechte Vereinbarung über das Euro-Korps mit SACEUR für essentiell. Die Command-Arrangements müssen eindeutig sein: Das Euro-Korps soll stets als geschlossene Einheit für das Bündnis verfügbar sein, wenn die NATO das Korps für die Verteidigung braucht. Eine entsprechende Vereinbarung mit SACEUR kann schon jetzt vorbereitet werden, muß aber natürlich über den NATO-Rat ins Bündnis eingeführt werden. Ich rechne damit, daß dies im Dezember geschehen kann.

IV.

Ich bin zur Zeit vorrangig damit beschäftigt, die veränderten strategischen Rahmenbedingungen in ein zukunftsweisendes Planungskonzept für die deutschen Streitkräfte umzusetzen. Die Bundeswehr wird in kurzer Zeit erheblich reduziert, gleichzeitig umstrukturiert und im erweiterten Territorium neu disloziert — wirklich eine Herausforderung für unser Militär, die einer Neugeburt, einem neuen Anfang gleichkommt.

Aber wir haben auch die einmalige Chance für eine strategisch gebotene Neuorientierung. Allerdings muß auch die Bundeswehr ihren Beitrag zum Einheitsprozeß leisten; übergeordnete gesamtstaatliche Prioritäten geben der Verteidigungsplanung nur begrenzten finanziellen Spielraum.

Daraus ergibt sich, daß eindeutige Prioritäten zu setzen sind. In der Planung habe ich dem schrittweisen Aufbau präsenter Krisenreaktionsstreitkräfte Vorrang gegeben. Dabei lasse ich mich von dem Prinzip leiten: Bündnisverteidigung ist für Deutschland erweiterte Landesverteidigung. Aus diesen Kräften werden bis zum Herbst nächsten Jahres erste Truppenteile für »Blauhelm«-Einsätze vorbereitet sein. Ich gehe davon aus, daß der politische Entscheidungsprozeß zeitgerecht die Voraussetzungen schafft. Denn dafür gibt es schon heute breiten politischen Konsens im Deutschen Bundestag und in der Bevölkerung.

Die deutsche Diskussion über die künftige Rolle der Bundeswehr in der Bündnisverteidigung und auch für die Vereinten Nationen zeigt: Unsere Bürger wollen an solchen wichtigen Neuorientierungen beteiligt werden.

Es wäre töricht, diese Erwartungen zu vernachlässigen; die schwierige Europa-Debatte ist auch Beweis für meine These: Parlamente und Regierungen müssen für weitreichende Entscheidungen heute gute Gründe ins Feld führen. Nur so kann der dringend benötigte Konsens wachsen, den wir doch alle brauchen — für unsere gemeinsame Sicherheit, für die Zukunft der euro-atlantischen Gemeinschaft.

Leistungsbilanz im Osten
nach zwei Jahren deutscher Einheit

Rede zum zweiten Jahrestag der Deutschen Einheit am 2. Oktober 1992 in Leipzig.

»Wir wollen durch die Einheit nicht militärisch stärker werden.«

I.

Die Einheit vollenden — das ist und bleibt die zentrale politische Aufgabe für Deutschland in den 90er Jahren.

Die Bundeswehr hat die besondere Herausforderung des Einheitsprozesses von Anfang an begriffen und gehandelt. Alle Deutschen müssen sich dieser Aufgabe stellen. Viele können stolz auf das bisher Erreichte sein. Aber Erfolge und Lasten sind noch ungleich verteilt.

Eine »Armee der Einheit« zu formen, war wohl die schwierigste Aufgabe. Bisherige Gegner, die darauf vorbereitet waren, aufeinander zu schießen, sollten gemeinsam Verantwortung für dieselbe Sache tragen. Nach Jahrzehnten der Konfrontation sollten Soldaten vom Gegeneinander zum Miteinander finden.

Die Bundeswehr hat geschafft, was für viele Deutsche noch Zukunftsvision ist. Es war eine einmalige politische und militärische Führungsleistung, den integrationsfähigen Personalbestand der ehemaligen Nationalen Volksarmee in die demokratisch verfaßte Bundeswehr einzugliedern. Die nach Ostdeutschland entsandten Kommandeure haben mit Einfühlungsvermögen und Engagement bewiesen: Soldaten in der Demokratie sind Bürger unter Bürgern.

Das Konzept der Inneren Führung ist keine abstrakte Leerformel. Innere Führung bedeutet, das Wehrsystem unserer freiheitlichen gesellschaftlichen Grundordnung nicht nur im Munde zu führen, sondern Tag für Tag praktisch vorzuleben.

41

Mein Vorgänger, Dr. Gerhard Stoltenberg, und der damalige General-leutnant Jörg Schönbohm haben sich um die Armee der Einheit besonders verdient gemacht. Beide haben behutsam und doch entschieden, unbüro-kratisch und doch systematisch einen Prozeß in Gang gesetzt, der in zwei Jahren weit geführt hat.

II.

Das Erreichte läßt sich am besten an dem messen, was wir vor zwei Jahren vorgefunden haben. Als das SED-Regime zusammenbrach, war die DDR bis an die Zähne bewaffnet. Die vielfach gescholtenen westlichen Lage-analysen erwiesen sich sogar als untertrieben. Die Operationsplanung war auf Angriff aus dem Stand ausgerichtet und auch der Bereitschaftsstand des Materials.

Das sozialistische System war aber nicht nur aggressiv; es war auch zutiefst inhuman. Panzer und Kanonen wurden in geheizten Hallen gepflegt und zum sofortigen Einsatz bereitgehalten. Soldaten aber mußten in heruntergekommenen Kasernen frieren und konnten nicht einmal duschen. Die deutsche Umgangssprache wurde um das schlimme Wort »abschüsseln« erweitert.

Die materielle Erblast der NVA war überwältigend. Wir mußten über 8300 gepanzerte Kettenfahrzeuge, fast 100000 Radfahrzeuge, hunderte von Flugzeugen und Schiffen aller Typen und Klassen in Gewahrsam neh-men. Die NVA hatte außerdem die Waffen der Grenztruppen, Betriebs-kampfgruppen und Stasi übernommen; damit befanden sich mehr als 1,2 Millionen Handfeuerwaffen in ihrer Hand. Mit rund 300000 Tonnen Munition war die NVA genauso bevorratet wie die dreimal größere Bun-deswehr.

Der exzessive Flächenverbrauch des Militärs zu Zeiten der DDR für Sta-tionierung und Übungen hat Ostdeutschland völlig überbeansprucht. Das System und sein Militär dachten weder in ökonomischen noch ökologi-schen Kategorien. Die Volksarmee war eben politisches Instrument eines repressiven Regimes.

Deshalb sah der Einigungsvertrag auch keine Übernahme von höheren NVA-Offizieren vor. Am 2. Oktober 1990 fanden wir eine Armee vor, von deren ursprünglicher Personalstärke nur noch etwa die Hälfte im Dienst war; darunter eine große Zahl von Wehrpflichtigen. Ein leistungsfähiges Unteroffizierkorps fehlte. Dafür war die Offiziersdichte dreimal so hoch wie in der Bundeswehr. Ausbildungsdienst war mit dieser Restarmee nicht mehr möglich. Zunächst stand auch die Sicherheit des übernommenen Materials im Vordergrund. Die Umstände, nicht die Vorgesetzten führten zu der Erkenntnis: Wehrdienst ist Wachdienst.

Wir mußten vom ersten Tage an rasch eine effiziente Führungsstruktur etablieren, die innerhalb des Militärs durch menschliche und soldatische Führungsqualität überzeugte und draußen auf Akzeptanz rechnen konnte. Etwa 2 000 Offiziere und Unteroffiziere aus dem Westen haben sich dieser Aufgabe gestellt. Das Bundeswehrkommando Ost und seine Untergliederungen konnten beginnen, Verbände neu aufzustellten, andere aufzulösen. Parallel dazu wurde eine völlig neue Wehrverwaltung geschaffen.

Eine der wichtigsten Anfangsaufgaben bestand darin, sich der Wehrpflichtigen anzunehmen, die noch am 1. September 1990 zur NVA eingezogen worden waren. Die Ausbildung dieser jungen Rekruten mußte über Nacht auf die von Recht und Freiheit bestimmten Grundsätze der Bundeswehr umgestellt werden. Ich bin froh, daß dies gelungen ist; denn sonst hätten wir uns an diesen jungen Soldaten versündigt. Mittlerweile dienen fast 5 000 Berufs- und Zeitsoldaten aus dem Westen in den neuen Bundesländern. Wir haben für die gesamte Bundeswehr weitgehend denselben Leistungsstandard erreicht.

Die militärische und zivile Organisation der Bundeswehr in den fünf neuen Ländern steht. Der Truppen- und Verwaltungsaufbau ist so gut wie abgeschlossen. Dieser Erfolg wäre nicht möglich gewesen, wenn sich die aus dem Westen kommenden Soldaten und zivilen Mitarbeiter nicht bis an die Grenze ihrer Belastungsfähigkeit eingesetzt hätten. Dieser Erfolg wäre aber auch nicht möglich gewesen ohne die beispielhaft loyale und zuverlässige Mitarbeit des ehemaligen NVA-Personals — auch derjenigen, die inzwischen ausgeschieden sind.

Es war von Anfang an klar, daß von den 50 000 Offizieren und Unteroffizieren und 4000 zivilen Mitarbeitern der ehemaligen NVA nur ein kleiner Teil in die Bundeswehr übernommen werden konnte. Aber trotz ungewisser Zukunft haben diese Männer und Frauen ihren Anteil am Aufbau der Armee der Einheit geleistet.

Wie in keinem anderen Sektor der Gesellschaft sind sich in den Streitkräften menschliche Schicksale begegnet, die der Prägekraft der Konfrontation unterlagen. Aber zu keiner Stunde hat es eine Situation gegeben, in der Sieger mit Besiegten sprachen. Ideologisch begründete Abgrenzungen sind schnell durch Aufgeschlossenheit, Lernwilligkeit und echte Bereitschaft zur Zusammenarbeit ersetzt worden. Der ehemalige Kontrahent wurde als Mitmensch anerkannt, als man untereinander die einfache Tatsache entdeckte: Wir sind alle Deutsche. Wir sind ein Volk.

Wir haben heute ein klares Bild: 3 000 Offiziere werden auf Dauer in der Bundeswehr ihren Platz finden. Nächstes Jahr gehen die ersten zur Führungsakademie der Bundeswehr nach Hamburg-Blankenese, um sich für Stabsoffizier-Verwendungen zu qualifizieren; und ich hoffe, daß die Bundeswehr in nicht allzu ferner Zukunft auch Generäle hat, die aus den neuen Bundesländern stammen.

Erfreulich hat sich auch die Wehrverwaltung entwickelt. Für 25 000 Mitarbeiter sind struktursichere Arbeitsplätze entstanden. Fast die Hälfte der 3 000 Anträge auf Übernahme ins Beamtenverhältnis sind bisher positiv entschieden worden. Die Bundeswehr ist auf diesem Feld allen anderen Großorganisationen des Öffentlichen Dienstes weit voraus.

Dabei übersehe ich nicht, daß es auch Probleme gibt. Dazu gehört beispielsweise die Frage, wie Vordienstzeiten der Soldaten angerechnet werden. Das Parlament beschäftigt sich damit und auch das Kabinett. Begründete Sorgen werden also ernst genommen.

IV.

Ein wichtiges Stichwort zur Leistungsbilanz der letzten zwei Jahre heißt materielle Entsorgung. Sie wissen alle, warum die Masse des Großgeräts der ehemaligen NVA, mit Ausnahme von Schützenpanzern und MiG-29-Flugzeugen, nicht weiterverwendet wird. Die Gesamtreduzierung der Bundeswehr setzt in den alten Bundesländern genügend Material frei, um alle Verbände einheitlich auszustatten. Außerdem gilt für die deutsche Vereinigung der politische Obersatz: Wir wollen durch die Einheit nicht militärisch stärker werden.

Deutschland hat sich verpflichtet, bis 1995 etwa 10 000 Hauptwaffensysteme zu zerstören — Material also, das vom Wiener Abrüstungsvertrag erfaßt ist. Am 3. August habe ich gemeinsam mit Außenminister Kinkel den Startschuß für die Zerstörung von Kampfpanzern gegeben. Inzwischen ist auch begonnen worden, Kampfflugzeuge zu vernichten.

Die industrielle Entsorgung der Munition läuft auf vollen Touren. Sie erfolgt fast ausschließlich durch Betriebe aus den neuen Ländern. Bis Ende dieses Jahres werden etwa 68 000 Tonnen entsorgt sein. Mit den dafür aufgewendeten 380 Mio DM haben wir 1 200 Arbeitsplätze gesichert.

Verwertung hat aber auch eine andere Seite. Wir haben in den letzten beiden Jahren in großen Mengen unentgeltlich Feldküchen, Pioniergerät und Unterkunftsmaterial an Einrichtungen und Behörden in den neuen Ländern abgegeben. Damit haben die Streitkräfte einen bedeutenden Beitrag zum Aufbau Ost geleistet.

V.

Zu unseren Bemühungen um die Menschen in den neuen Ländern gehört vor allem auch, die Infrastruktur zu verbessern. Die Bundeswehr hat zunächst den Bestand radikal vermindert: Von den mehr als 2 000 Liegenschaften der ehemaligen NVA nutzen wir nur ein Viertel. Von den nicht benötigten Anlagen sind schon 70 Prozent abgegeben. Für Länder und Kommunen war das ein fühlbarer Beitrag zur Planungssicherheit, die für das Aufbauwerk so dringend benötigt wird.

Die ostdeutsche Bauindustrie saniert die maroden Unterkünfte. Mit insgesamt 1,8 Mrd DM für 1991 und 1992 hat die Bundeswehr dieser Branche eine beispiellose Anschubfinanzierung gegeben. Mit Beträgen von jeweils etwa einer Mrd DM für die nächsten Jahre schaffen wir Dauerarbeitsplätze. Unsere Infrastruktur-Investitionen sind ein Beispiel für das Prinzip »die Teilung durch Teilen überwinden«; denn die Mittelumlenkung nach Osten erfolgt eindeutig zu Lasten des Westens.

Die Bundeswehr geht mit Gelände pfleglicher und bescheidener um als die ehemalige NVA. Von den 370 000 Hektar militärischer Übungsfläche im Osten Deutschlands wird die Bundeswehr höchstens 40 Prozent nutzen. Die verbleibenden Truppenübungsplätze werden zu wesentlichen Wirtschaftsfaktoren in strukturschwachen Gebieten. Damit sichern wir 3 000 Arbeitsplätze. Das Sanieren der Altlasten wird dreistellige Millionenbeträge kosten, die in der Region bleiben werden.

Die ostdeutsche Wirtschaft profitiert erheblich von der Bundeswehr. Wir haben Beschaffungsaufträge in der Größenordnung von 500 Mio DM vergeben. Insgesamt wendet die Bundeswehr in diesem und im nächsten Jahr fast zehn Mrd DM an einigungsbedingten Kosten auf. Damit ist die Bundeswehr ein wichtiger Faktor im Aufbauwerk Ost.

VI.

Deutsche Streitkräfte dürfen keine Fremdkörper im Volk sein. Im Gegenteil: Eine Armee der Bürger ist ohne Verankerung im gesellschaftlichen Bewußtsein nicht denkbar. Wehrpflicht und Innere Führung machen den Inhalt dieser Verankerung aus. Innere Führung heißt nichts anderes, als daß der Soldat dem Recht und dem Ethos unseres Verfassungsbildes verpflichtet ist. Sein Dienst ist allein darauf ausgerichtet, die Ziele unserer Verfassung und das Völkerrecht zu schützen. Das sind Ziele, die ihren einzigen Sinn im Menschen selbst haben.

Die Streitkräfte in der ehemaligen DDR lebten abseits von diesen Wertvorstellungen und von ihrem Volk. Sie nannten sich Volksarmee und waren doch keine Armee des Volkes. Wir müssen dieses Erbe im Bewußtsein der Bürger Ostdeutschlands bewältigen. Mittlerweile ist die frühere Isolation des Militärs weitgehend überwunden. Das Vertrauen in die Bundeswehr als Armee eines demokratischen Staates wächst. Dieses Vertrauen muß weiter gestärkt werden — durch die Soldaten aus Ost und West. Dabei kommt der Wehrpflicht eine Schlüsselrolle zu. Das gemeinsame Erlebnis junger Menschen aus allen Ländern der Republik schafft Verständnis füreinander. Eine Panzerbesatzung im Leopard kennt keine »Ossis« und »Wessis«.

Entscheidend ist außerdem, daß Volk und Armee wissen, wofür wir künftig Streitkräfte brauchen. Für die Soldaten in den neuen Bundesländern wird es schon in naher Zukunft keine Sonderrolle mehr geben. Deutschland findet zur Normalität eines souveränen Staates zurück — und auch seine Armee. Für die gesamte Bundeswehr gilt derselbe klare Auftrag. Wie in anderen Staaten auch heißt der Hauptauftrag der deutschen Streitkräfte: Verteidigung des eigenen Territoriums. Landesverteidigung begründet auch in erster Linie die Wehrpflicht.

Aber die Veränderung der Lage in Europa, durch die Deutschland am meisten profitiert und so viel Sicherheit gewonnen hat, verlangt: Wir müssen die Verteidigung des Bündnisgebietes als erweiterte Landesverteidigung begreifen. Schließlich müssen unsere Soldaten für den Weltfrieden einstehen, wenn die Vereinten Nationen dazu aufrufen.

Dabei ist von zentraler Bedeutung, daß wir bereit zur Risikoteilung sind. Ein junger wehrpflichtiger Franzose oder Italiener muß in der Gefahr seines soldatischen Dienstes wissen: Mein deutscher Kamerad tritt nicht beiseite, wenn es gefährlich wird. Internationale Solidarität für Frieden, Freiheit und Recht verlangt viel und gibt viel. Wir Deutschen müssen lernen, daß wir uns nicht in eine Nische der Weltgeschichte zurückziehen können, sondern in unserer Verantwortung für Europa und die Welt gefordert sind.

Unsere Soldaten brauchen ein neues Selbstverständnis. Der nukleare Abschreckungsfriede und die Zeit der Ost-West-Konfrontation verlangten anderes Militär als die Herausforderungen der Zukunft. Die Mission des Soldaten im 21. Jahrhundert heißt: Schützen, helfen, retten.

Unsere Zeit verändert das Leitbild des Soldaten. Gefragt ist nicht der seelenlose Techniker des Schlachtfeldes, sondern der Soldat, der seinem Land durch Einsatz seines Lebens Schutz gewährt, aber auch mit derselben Energie und Tüchtigkeit, mit der er Kampfaufgaben meistert, zu Rettung und Hilfe fähig ist. Junge Leute, die heute in die Bundeswehr eintreten oder Führungsverantwortung übernehmen, haben großartige Aufgaben vor sich. Dafür brauche ich Männer und Frauen, die ihr Land lieben und bereit sind, sich voll einzubringen. Es gibt solche Soldaten überall in der Bundeswehr, und darauf können wir stolz sein.

Die Besten werden auch ausgezeichnet und befördert. Ich freue mich ganz besonders, daß ich heute Soldaten und zivile Mitarbeiter ernennen, auszeichnen und befördern kann. Sie alle stehen für den Erfolg der letzten zwei Jahre. Sie repräsentieren, wofür wir alle mit heißem Herzen arbeiten: die Einheit unseres Vaterlandes, die Einheit seiner Armee.

Europa auf dem Weg
zur Politischen Union

Rede auf dem Europa-Wirtschaftstag des Wirtschaftsrates der CDU e.V. am 10. November 1992 in Bonn.

»Der internationale Einfluß eines Staates wird immer weniger von seiner Militärmacht und immer mehr von seiner Wirtschaftskraft bestimmt.«

I.

Deutschland steht vor großen Herausforderungen. Die Einheit zu vollenden – das bleibt die zentrale Aufgabe deutscher Politik in den neunziger Jahren. Aber auch von außen kommt viel auf uns zu. Die Erwartungen an das vereinte Deutschland sind hochgesteckt. Wir werden nicht alles tun können, was von uns erwartet wird. Aber wir müssen auf der weltpolitischen Bühne die Rolle spielen, die uns als einem verantwortungsvollen Mitglied der Völkergemeinschaft zukommt. Dazu gehört auch angemessene Sicherheitsvorsorge für eine neue Zeit. Dieser Aufgabe müssen wir uns als Deutsche und als Europäer stellen. Vor allem aber muß unser Land international leistungs- und konkurrenzfähig bleiben. Wir müssen in der Welt von morgen bestehen. Europa muß einig und handlungsfähig sein.

Ich nehme gern die Gelegenheit wahr, meine Gedanken über Europas Weg zur Politischen Union vorzutragen. Als Verteidigungsminister habe ich daran ein besonderes Interesse. Wirtschaftspolitik und Sicherheitspolitik sind aufs engste miteinander verknüpft. Sie bedingen einander. Erfolgreiche Sicherheitspolitik schafft die Voraussetzungen für politischen, wirtschaftlichen und sozialen Fortschritt. Umgekehrt ist eine leistungsfähige Volkswirtschaft ein entscheidendes Kriterium für die Sicherheit eines Landes; gute Handelsbeziehungen zwischen den Staaten sind wesentliches Merkmal internationaler Stabilität. Als Verteidigungsminister muß und will ich deshalb immer meine aktuellen und langfristig gültigen Entscheidungen in den Gesamtzusammenhang deutscher Außen-, Wirtschafts- und Sicherheitspolitik stellen.

II.

Entscheidungen, die Bestand haben sollen, verlangen klare Ziele — und zwar solche, die sich nicht täglich ändern. Außerdem brauchen wir eine überzeugende Konzeption, wie diese Ziele zu erreichen sind, ohne ständig nachzubessern. Der Ausgangspunkt ist eine nüchterne Analyse der Lage.

Nach vier Jahrzehnten Kalten Krieges und deutscher Teilung ist die politische Ordnung von Jalta in die Archive der Geschichte verbannt. Deutschland hat seine Einheit in Frieden und Freiheit gefunden, ohne daß ein Schuß gefallen ist. Die europäische Revolution hat uns Deutschen einen dramatischen Zugewinn an Sicherheit gebracht. Bei vielen ist allzu schnell konsumiert, was sich verändert hat.

In Mitteleuropa haben wir mit der größten und gefährlichsten Konzentration von Streitkräften in der Geschichte der Menschheit gelebt. Durch die glückliche Verbindung von Einheit und Abrüstung und durch den Zerfall von Warschauer Pakt und Sowjetunion hat sich alles verändert:

o Das tödliche Sicherheitsdilemma der deutschen Nachkriegszeit hat sich aufgelöst — das Paradoxon, das im Widerspruch zwischen schützender nuklearer Abschreckung und der Gefahr lag, nukleares Schlachtfeld zu werden.

o In Abrüstungsverträgen ist festgelegt, was zu Recht als Friedensdividende angesehen wird: Um 40 Prozent werden die konventionellen Streitkräfte in Europa vermindert und 70 Prozent des nuklear-strategischen Potentials vernichtet. Alle landgestützten nuklearen Mittel- und Kurzstreckenwaffen sind aus Europa verschwunden.

o Der Abzug ehemals sowjetischer Truppen geht schneller als geplant voran und wird 1994 abgeschlossen.

o Deutschland ist dem Zugriff eines zur strategischen Offensive und Landnahme befähigten Staates entzogen. Diese strategische Konstellation zu ändern, würde länger als ein Jahr dauern.

Der epochale Wandel in Europa hat aber auch die Gravitationszentren in den internationalen Beziehungen verschoben. Deutschland ist nicht länger militärischer Frontstaat. Deutschland ist in das Zentrum Europas zurückgekehrt, jetzt umgeben von verbündeten Freunden und neuen Partnern im Osten unseres Landes. Wir sind Bindeglied und Brücke zwischen West- und Ost-, Nord- und Südeuropa. Das eröffnet uns die historische Chance, Wegbereiter für Frieden, Freiheit und Einheit des Kontinents zu werden. Sie stellt uns aber auch in eine neue Verantwortung als souveräner Staat.

Europa ist auf dem Weg zu umfassender Integration und Kooperation. Politische Stabilität, wirtschaftliche Prosperität und soziale Sicherheit sind zu einer neuen Perspektive des einen und freien Europas geworden. Dazu ist die Konzentration aller Kräfte in Europa notwendig, politisch, ökonomisch und strategisch. Darin liegt die gestalterische Aufgabe der Zukunft.

III.

Zugleich können wir die Augen vor neuen Gefahren und Risiken nicht verschließen. Europa ist noch nicht am Ziel. Zwar ist die Gefahr eines großen Krieges in Europa gebannt. Aber zugleich beobachten wir eine Vielfalt von schwer durchschaubaren und beherrschbaren Krisen und Konflikten auf unserem Kontinent. Die sicherheitspolitische Landschaft liegt in diffusem strategischem Licht. Ich sehe risikoträchtige Entwicklungen mit Gefahrenpotential für Deutschland vor allem auf zwei Feldern:

Erstens: Mittel- und Osteuropa sind von der eisernen Klammer der kommunistischen Ideologie und des Warschauer Paktes befreit. Dadurch brechen unterdrückte, teilweise jahrhundertelang ungelöste Minderheiten- und Nationalitätenkonflikte wieder auf. Die zunehmende Integration im westlichen Europa wird begleitet von fortschreitender Desintegration im Osten.

Niemand kann genau abschätzen, ob die Fragmentierung der UdSSR in die alten Unionsrepubliken sich weiter fortsetzt in Separatismus und Regionalismus. Sicher ist: Rußland ist die stärkste militärische Macht in Europa, ist zugleich See-, Nuklear- und Weltraummacht.

Zweitens: In vielen Regionen der Dritten Welt bildet sich ein explosives Gemisch aus wirtschaftlicher Unterentwicklung, riesigen Schulden, rasanter Bevölkerungszunahme, desolaten Umweltbedingungen, politisch ambitioniertem religiösem Fundamentalismus und selbstzerstörerischen Stammeskonflikten. Die Anhäufung moderner Waffentechnologie dort strahlt bereits heute auf die Sicherheit Süd- und Südosteuropas aus. Illegale Waffen- und Technologieproliferation wird zu einem Risikofaktor besonderer Qualität.

IV.

Nach meinem Eindruck werden die aus dieser Risiko-Analyse resultierenden strategischen Herausforderungen in Deutschland noch zögerlich und eher abweisend zur Kenntnis genommen. Dafür gibt es gute Gründe. Unsere sicherheitspolitischen Vorstellungen waren in den letzten Jahrzehnten eurozentrisch angelegt. Deutschland im Kern Europas war unmittelbar, existentiell und am meisten bedroht. Darüber hinaus haben der Schock über die Verbrechen der Diktatur in Deutschland und die Folgen des Zweiten Weltkrieges zur politisch-moralisch begründeten Zurückhaltung geführt. Diese Kultur der Zurückhaltung war von allen gewollt. Auch von unseren Partnern. Lange Zeit war sie Ausdruck deutscher Berechenbarkeit in der Welt.

Nun ist aber eine Epochenschwelle überschritten. Wir konstatieren einen politischen Paradigmenwechsel. Wir können nicht einfach an Konzeptionen der Vergangenheit festhalten, weil sie erfolgreich waren. Wir müssen kritisch prüfen, ob sie auch in die Zukunft tragen.

Ausgangspunkt und Ziel für die Gestaltung der Zukunft sind die Werteordnung des Grundgesetzes und das dort formulierte Staatsziel, in einem vereinten Europa dem Frieden der Welt zu dienen. Dies bestimmt unser Politikverständnis und unsere politische Kultur. Neben unserer Werteordnung sind unsere vitalen Interessen Maßstab deutschen Handelns. Über alle Regierungen hinweg war das Festhalten an deutscher und europäischer Einheit vitales Lebensinteresse unserer Republik – gestützt auf ein Bündnis, das beharrlich auf Verteidigungsfähigkeit und Entspannung gesetzt hat.

Konrad Adenauer hat zu Recht gesagt: »Die beste Außenpolitik ist die Wahrnehmung der eigenen Interessen.« Folgen wir unseren Interessen, dann sind wir mutig und vorsichtig zugleich. Damit schaffen wir Klarheit für uns selbst und nach außen.

Im Zentrum unserer Interessen steht, in und für Europa eine dauerhafte und gerechte Friedensordnung zu schaffen — gegründet auf pluralistischer Demokratie, auf Rechtsstaatlichkeit und sozialer Marktwirtschaft. Zu unseren vitalen Interessen gehört aus meiner Sicht dreierlei:

Erstens: Wir müssen die enge Bündnisbindung an die USA erhalten und nun mit fortschreitender Integration Europas zu einer Partnerschaft unter Gleichen entwickeln.

Zweitens: Wir brauchen ungehinderten Zugang zu Märkten und Rohstoffen in aller Welt und müssen deshalb eine freie und gerechte Weltwirtschaftsordnung stützen.

Drittens: Wir müssen Europa zu einer handlungsfähigen Einheit machen.

In der unruhigen Welt von heute muß Deutschland für alle ein zuverlässiger und berechenbarer Partner bleiben. Unser Ansehen in der Welt, unsere Möglichkeit, international Einfluß zu nehmen, wird nicht nur von unserer Wirtschaftskraft und von unserem militärischen Beitrag zur Sicherheit bestimmt. Entscheidend ist auch die Glaubwürdigkeit Deutschlands als stabile, handlungsfähige Demokratie.

Nichts schadet dieser Glaubwürdigkeit mehr als Gewalt und Radikalismus. Die Ereignisse, die Deutschland in Rostock und anderenorts ertragen mußte, sind verhängnisvoll: Sie unterminieren das in Jahrzehnten aufgebaute Vertrauen in das demokratische Deutschland.

Selbst wenn radikale Ausschreitungen kein rein deutsches Phänomen sind, stehen wir aufgrund unserer Geschichte in einer besonderen Verantwortung. Wir müssen nach innen und außen eindeutig klarmachen, daß wir mit allen verfügbaren Mitteln des Rechtsstaates einschreiten. Das

Gewaltmonopol liegt allein beim Staat. Unsere Demokratie muß streitbar und wehrhaft sein.

V.

Der internationale Einfluß eines Staates wird immer weniger von seiner Militärmacht und immer mehr von seiner Wirtschaftskraft und technologischen Innovationsfähigkeit bestimmt. Der politisch-militärische Antagonismus ist entfallen. Dafür hat der Handels- und Technologiewettbewerb an Schärfe zugenommen.

Die deutsche Wirtschaft ist die Grundlage für unseren Wohlstand, für gesellschaftlichen und sozialen Fortschritt. Unsere Zukunft hängt entscheidend davon ab, ob wir im Wettbewerb mit anderen hochindustrialisierten Staaten oder Staatengruppen und den Konkurrenten von morgen Schritt halten können.

Von entscheidender Bedeutung für das gesamte Wirtschaftssystem ist die Konkurrenzfähigkeit in den technologischen Schlüsselindustrien. Nach Japan werden weitere leistungsstarke Wettbewerber aus dem pazifischen Becken auf den Weltmarkt drängen: Heute sprechen wir noch von den »fünf kleinen Tigern« in dieser Region. Morgen werden wir von entwickelten Industrienationen sprechen. China wird mit Macht in die Weltwirtschaft eintreten. Hat die deutsche Wirtschaft diese Entwicklung rechtzeitig gesehen? Sind wir zeitgerecht auf diesen Märkten präsent?

Nach der Unterzeichnung des nordamerikanischen Freihandelsabkommens zwischen Kanada, USA und Mexiko erhalten die transatlantischen Wirtschaftsbeziehungen eine neue Dimension. 370 Millionen Menschen sind in einem Wirtschaftsraum vereinigt. Die Wirtschaftsleistung liegt bei 6 200 Mrd Dollar — etwa 30 Prozent der Weltwirtschaftsleistung. Dieser Wirtschaftsraum ist damit größer als der der heutigen EG.

Die Märkte in Osteuropa sind weggebrochen. Die Staaten dieses Raumes waren und sind aber unsere natürlichen Handelspartner. Vor dem Zweiten Weltkrieg ging ein Drittel aller westeuropäischen Ausfuhren nach Osteuropa.

Weit über die Hälfte der osteuropäischen Einfuhren kamen aus dem Westen. Im Osten warten wieder die Märkte der Zukunft. Hier können enorme Ressourcen nutzbar gemacht werden. Voraussetzungen sind Rechtsstaatlichkeit, Demokratie und Gewaltverzicht. Die Revolution in Osteuropa ist noch nicht beendet.

VI.

Aus meiner Bestandsaufnahme möchte ich fünf Schlußfolgerungen für die deutsche Außen- und Sicherheitspolitik ziehen:

Erstens: Westeuropa, Deutschland zumal, muß sich von der eindimensionalen Fixierung der bisherigen Sicherheitsvorsorge lösen: Der Blick muß aus der alten strategischen Richtung »Ost« auf den gesamten Kontinent und den globalen Horizont gelenkt werden. Wir brauchen einen Bewußtseinswandel – in der Bevölkerung und in der politischen Klasse.

Zweitens: Sicherheitsvorsorge verlangt einen neuen, konzeptionellen sicherheitspolitischen Ansatz. Dieser muß einerseits auf den bewährten Konstanten ruhen, auf gemeinsamen Wertvorstellungen und Interessen. Er muß andererseits schlüssige Antworten auf die drängenden Fragen unserer Zeit geben. Sicherheitsvorsorge verlangt heute einen breiten Ansatz, der die politischen, wirtschaftlichen und sozialen Aspekte zusammen mit der weiterhin unverzichtbaren Verteidigungsfähigkeit zu einer Einheit zusammenfügt. Die Prävention und Beherrschung von Krisen stehen dabei im Mittelpunkt.

Drittens: Sicherheitspolitik als Gesamtaufgabe läßt sich unter den neuen strategischen Bedingungen weder inhaltlich noch geographisch, noch institutionell eingrenzen. Was wir brauchen, ist ein flexibles Instrumentarium internationaler Politik. Die neue Sicherheitsarchitektur muß die europäischen und transatlantischen Institutionen umfassen. Keine dieser Institutionen soll oder kann die andere ersetzen. Ihre Fähigkeiten müssen sich gegenseitig ergänzen, ihre Handlungsmöglichkeiten synergetisch entfalten. Dabei gilt es, alle Politikfelder gleichermaßen in Betracht zu ziehen.

Viertens: Für die politische und wirtschaftlich-technologische Selbstbehauptung unseres Kontinents in der Welt von morgen haben wir eine Schlüsselrolle. Die enge transatlantische Verklammerung unter dem Dach der NATO schafft dafür mit die Voraussetzungen. Das Bündnis brauchen wir als Stabilitätsanker für die Gestaltung des neuen Europas. Es ist die Sicherheits- und Handlungsgemeinschaft der westlichen Welt und unsere Versicherung gegen verbliebene militärische Risiken.

Es gilt aber, die euro-atlantischen Beziehungen unter den neuen Bedingungen auf eine neue Grundlage zu stellen — auf eine Partnerschaft unter Gleichen. Die Vereinigten Staaten waren bisher schon ein zentrales Element der europäischen politischen Kultur. Sie müssen es bleiben — aus politischen, wirtschaftlichen und militärischen Gründen.

Fünftens: Europäische Sicherheitspolitik muß Handlungsspielraum schaffen für die Lösung der großen politischen Gestaltungsaufgaben dieses Jahrzehnts: die Vollendung der deutschen Einheit und das Voranbringen des europäischen Einigungsprozesses. Wir müssen den Osten am Zusammenwachsen Europas beteiligen.

VII.

Am 1. Januar 1993 tritt der Europäische Binnenmarkt in Kraft. Wir vollziehen damit einen wichtigen Schritt zur Vertiefung und Erweiterung der Europäischen Gemeinschaft. Die Politische, die Wirtschafts- und Währungsunion haben wir in Maastricht im Grundsatz beschlossen. Nicht erst seit dem dänischen und französischen Referendum liegen diese Vereinbarungen im Kreuzfeuer der Kritik zahlreicher europäischer Staaten und vieler Bürger. Ich bin aber fest davon überzeugt, daß Ziel und Kurs stimmen. Die Grundsätze des dreisäuligen Einigungswerkes sind und bleiben richtig. An den gemeinsamen Zielen halten wir unbeirrt fest. Aber wir können Europa nicht von oben verordnen.

Europa muß wachsen. Es kann nicht künstlich geschaffen werden. Das zeigen mir die Sorgen unserer Bürger um die Mark. Gerade die Menschen in Ostdeutschland finden den Gedanken besonders schwierig, die langersehnte DM so rasch wieder aufzugeben für etwas Fremdes wie den ECU. Ich nehme diese Sorgen ernst. Unsere Bürger wollen und müssen an solchen wichtigen Neuorientierungen beteiligt sein. Die Politik muß klare Begründungen ins Feld führen, und sie muß überzeugen.

Zuallererst muß klar sein: Wir dürfen auf der europäischen Ebene nur das regeln, was die Staaten und Länder nicht selbst besser regeln können. Europa muß und darf handeln, wenn übergeordnete Verantwortung gefordert ist. Birmingham hat für die konsequente Achtung des Subsidiaritätsprinzips die richtigen Signale gegeben.

Auch dürfen wir nicht verkennen, daß es in Europa unterschiedliche natürliche Interessen gibt. Darüber ist offen und frei zu sprechen und geduldig zu verhandeln. Aber wir müssen auch zielstrebig gemeinsame Standpunkte entwickeln. Und das muß für unsere Bürger klar und verständlich sein.

Ich bin dafür, daß wir den Europäischen Einigungsprozeß differenziert sehen. Es hängt von den tatsächlichen wirtschaftlichen Fortschritten in den einzelnen Mitgliedsstaaten ab, ob und wann sie die Bedingungen für die Währungsunion erfüllen. Genau das sieht ja auch der Vertrag von Maastricht vor. An volkswirtschaftlicher Stabilität und Haushaltsdisziplin kommt keiner vorbei.

In absehbarer Zeit sind Entscheidungen über den Beitritt zur Währungsunion auch in Deutschland zu treffen. Ich plädiere unverändert dafür, daß der Bundestag als Treuhänder der Interessen der Bürger diese Entscheidung trifft, wenn sie ansteht.

Darüber hinaus halte ich auch eine neue Gewichtung im europäischen Rahmen für geboten: Der Aufbau Mittel- und Osteuropas kann nicht zu einer ausschließlichen Veranstaltung der Deutschen werden. Auch Südeuropa ist im Vergleich zu Osteuropa »Westen«. Wir müssen dafür sorgen, daß der Nord-Süd-Transfer innerhalb der EG teilweise in einen Ost-West-Transfer umgelenkt wird. Daran müssen sich alle »Zwölf« beteiligen. Ich halte das für eine Schicksalsfrage für Europa und für Deutschland. Denn es stimmt: Dem Westen kann es auf Dauer nicht gut gehen, wenn es dem Osten auf Dauer schlecht geht. Deutschland in der Mitte Europas wäre am meisten betroffen. Die wichtigste Investition in Stabilität und Sicherheit liegt in der Stützung östlicher Reformprozesse – eine Aufgabe, der sich Europa, aber auch Nordamerika und Japan stellen müssen.

Die Überwindung des »Wohlstandsgrabens« ist auch Voraussetzung für eine sichere Zukunft unseres Kontinents. Die europäische Sicherheits- und Verteidigungsidentität baut darauf auf. Ihre verteidigungspolitische Dimension liegt in der WEU. Europa muß mehr Verantwortung für seine Sicherheit übernehmen. Es muß als Ganzes handlungsfähig werden, um Stabilität in Europa zu sichern, Gefährdungen an seinen Grenzen zu begegnen und die europäischen Interessen auch außerhalb des Kontinents wahrzunehmen. Das Europäische Korps ist ein Schritt in diese Richtung.

VIII.

Deutschland ist der Kern Europas. Die Vollendung der Einheit unserer Nation ist eine, wenn nicht die entscheidende Voraussetzung für das europäische Einigungswerk selbst. Ohne Deutschland wird es keine Sicherheitsstruktur in und für Europa geben. Ohne Deutschland ist es unmöglich, die mittel- und osteuropäischen Staaten zu integrieren. Ohne Deutschland werden sie auch wirtschaftlich und sozial nicht gesunden.

Der Schlüssel zum Erfolg liegt in der Herstellung gesunder wirtschaftlicher und sozial gerechter Verhältnisse in Deutschland selbst. Wir müssen alles tun, um die entsprechende wirtschaftliche Dynamik in Gang zu setzen. Der Einigungsprozeß ist eine gesamtstaatliche Schwerpunktaufgabe allererster Priorität für die kommenden Jahre, und zwar für die Politik und für die Sozialpartner. Alles andere hat dahinter zurückzutreten.

Das wird nicht einfach und erfordert zusätzliche Opfer und Anstrengungen aller. Ich bin aber überzeugt, daß wir die Opferbereitschaft der Bürger noch einmal wecken können, wenn wir bereit sind, uns noch einmal einen Ruck zu geben.

Dazu brauchen wir zunächst eine Bestandsaufnahme sämtlicher Belastungen, die auf uns zukommen. Entscheidend ist, daß wir dann eine Perspektive für die finanziellen Anforderungen für die gesamte Dekade entwickeln. Das Ergebnis muß klar und ungeschminkt gesagt werden. Nur so können wir sachgerechte Prioritäten setzen. Nur wenn jeder weiß, wohin die Reise geht, wird man einsehen: Alle müssen gleichmäßig und gerecht an den Belastungen der Einheit beteiligt werden.

Wir müssen die ostdeutsche Industrie vor der Gefahr bewahren, daß sie zwischen hochproduktiver westlicher Wirtschaft und der mit niedrigen Löhnen arbeitenden Industrie in Osteuropa erdrückt wird. Notwendig ist ein zeitlich befristeter Schutz und eine befristete Sonderförderung unserer Wirtschaft in Ostdeutschland. Entscheidend bleibt aber der Durchbruch zu marktwirtschaftlichem Handeln.

Wenn wir Lohnverzicht fordern, haben wir uns in allen Ressorts, aber auch in den Ländern und Kommunen den Anstrengungen konsequenten Sparens zu stellen. Resignation und Beklagen fehlender Mittel sind fehl am Platz. Schon gar nicht versteht man im Ausland den Ausdruck deutscher Wehleidigkeit. Wir müssen diesen Prozeß annehmen und gestalten. Die Maxime dafür liegt auf der Hand: klare Schwerpunktsetzung und konsequente Zuordnung der knappen Mittel. Die Chancen sind größer als die Lasten.

IX.

Auch die Streitkräfte leisten ihren Solidarbeitrag für die deutsche Einheit. Die Armee der Einheit zu schaffen, das war eine große Herausforderung. Daß wir es ohne große Verwerfungen geschafft haben — das ist bisher die größte Leistung im Einheitsprozeß.

Die Bundeswehr geht mit gutem Beispiel voran: Im Verteidigungshaushalt dieses Jahres haben wir durch Umschichtung eine Mrd DM für den Neuaufbau der maroden Infrastruktur in Ostdeutschland bereitgestellt. Das sichert und schafft auch Arbeitsplätze. Im Grunde ist die Gestaltung der Verteidigungsausgaben Modell: Wir haben erheblich weniger Mittel zur Verfügung und müssen dennoch neue Aufgaben bewältigen. In dieser

Situation können wir nicht die gesamte Bundeswehr gleichmäßig modern halten. Wir müssen Prioritäten setzen.

Vor dem Hintergrund der völlig veränderten sicherheitspolitischen Landschaft stehen Auftrag, Strukturen und Ausrüstung der Bundeswehr auf dem Prüfstand. Nur was für die neuen Aufgaben wirklich wichtig ist, wird Bestand haben. Der Schwerpunkt von Planung und Rüstung wird künftig bei den Krisenreaktionskräften liegen. Der Hauptauftrag der Bundeswehr bleibt zwar die Landesverteidigung. Aber wir müssen künftig die Verteidigung des Bündnisgebietes als erweiterte Landesverteidigung begreifen.

Solidarität ist keine Einbahnstraße. Wir leisten einen Solidarbeitrag für unsere Bündnispartner, so wie wir deren Unterstützung in den Jahren unserer existentiellen Bedrohung Tag für Tag erhalten haben.

Aber die Bundeswehr ist für den Einsatz im gesamten Bündnisgebiet nicht vorbereitet; sie war optimiert auf die unmittelbare Bedrohung in Mitteleuropa. Krisenreaktionskräfte aber müssen mobil und flexibel einsetzbar sein. Den größten Umsteuerungsbedarf haben wir beim deutschen Heer.

Den größeren Teil der Bundeswehr, der zur Mobilmachungsarmee wird, müssen wir in seiner Materialausstattung während der neunziger Jahre so lassen, wie er ist. Das können wir uns auch leisten. Denn im großen und ganzen ist die Bundeswehr modern ausgestattet.

Die Konzentration auf die Kräfte, die sofort verfügbar sein müssen, hat auch Auswirkungen auf die Industrie. Wir brauchen weniger und anderes Material. Den andern Staaten in Europa geht es ähnlich. Drei Parameter sind unstrittig: Alle brauchen weniger Material; alle haben weniger Geld; alle haben Überkapazitäten in der wehrtechnischen Industrie.

In dieser Situation brauchen wir dringend eine europäische Schwerpunktbildung in der Rüstungswirtschaft. Europa kann sich nicht drei oder vier verschiedene Jagdflugzeuge, mehrere Modelle an Panzern oder Kampfhubschraubern leisten.

Ich will bis zum Ende des Jahres eine Bundeswehrplanung »aus einem Guß« schaffen. Sie ist entscheidende Grundlage für die Neuausrichtung unserer Streitkräfte. Zugleich haben wir dann eine Grundorientierung für die deutsche Industrie und für die künftige Kooperationspolitik in Europa.

Klarheit brauchen wir spätestens im nächsten Jahr auch für Deutschlands Beteiligung an friedenserhaltenden Maßnahmen der Vereinten Nationen. Blauhelm-Einsätze sind der erste Schritt. Dafür zeichnet sich mittlerweile ein breiter Konsens im Parlament und in der Bevölkerung ab. Ich will bis zum Oktober 1993 zunächst zwei Bataillone dafür einsatzfähig haben, um auf die anstehenden politischen Entscheidungen vorbereitet zu sein.

Kontrovers ist weiterhin die Beteiligung an friedensschaffenden Maßnahmen. Ich kann mir eine Entsendung unserer Soldaten in Kampfeinsätze der UNO ohne breite Unterstützung von Parlament und Bevölkerung nicht vorstellen. Allerdings kann ich mir diese Einsätze auch nur dann denken, wenn ein überragendes deutsches oder europäisches Sicherheitsinteresse gefährdet ist.

Die deutsche Einheit ist mit Hilfe unserer Partner zustandegekommen, vor allem mit amerikanischer Unterstützung. Jetzt müssen wir zu internationaler Partnerschaft fähig sein.

X.

Die Kontroverse über UN-Kampfeinsätze darf aber nicht darüber hinwegtäuschen: Dieser Fall liegt am weitesten entfernt und beschreibt ein eher unwahrscheinliches Szenario. Wir sind auch nicht gut beraten, zu viel über solche Szenarien zu spekulieren. Das lenkt von den naheliegenden Aufgaben ab.

Dem müssen wir entgegenstellen: Alle in Europa haben von den dramatischen Veränderungen der letzten Jahre profitiert. Ich sage es noch einmal: die Deutschen am allermeisten. Wir haben jetzt alle Chancen, die Entwicklung in Richtung auf Freiheit, Demokratie und Wohlfahrt kraftvoll voranzubringen. Worauf kommt es an? Die erste Aufgabe ist – ich wiederhole es – die Vollendung der deutschen Einheit. Sie ist gesamtstaatliche Aufgabe, in die sich alle Politikfelder solidarisch einzuordnen haben.

Die zweite Aufgabe heißt: der Aufbau des europäischen Einigungswerkes. Der »Solidarpakt« in Deutschland braucht seine Entsprechung im europäischen Rahmen. Aufbau Ost muß Vorfahrt haben vor Harmonisierung West. Aber wir brauchen beides: Kohäsion und Solidarität. Der Wirtschaftsrat der CDU hat dafür einen »europäischen Solidarplan« gefordert. Westeuropa-Politik solle durch eine Europa-Ost-Politik ergänzt werden. Genau das ist der strategisch und operativ richtige Ansatz.

Deutschland und Westeuropa können auf Dauer nur prosperieren, wenn wir Osteuropa in einem gemeinsamen Wirtschaftsraum integrieren. Wir müssen ihn Schritt für Schritt realisieren, offen für die unterschiedlichen Interessen der Staaten, offen für die Belange der Regionen und sensibel für die Befürchtungen der Menschen.

Europas Sicherheit und Wohlfahrt sind schließlich drittens untrennbar mit globalen Entwicklungen verknüpft. Strategischen Rückhalt finden wir – trotz Europäischer Politischer Union – auf Dauer nur im Bündnis mit den USA, nicht gegen sie. Die NATO ist dafür das bewährte und feste Band. Dieses Bündnis ist die Quelle strategischer Stabilität. Es ist Garant einer friedlichen Entwicklung aller europäischen Staaten.

Diese Gemeinsamkeit darf nicht geschwächt oder gefährdet werden. Wir müssen dafür Sorge tragen, daß insbesondere die Wirtschaft weiter Kooperationsfeld wettbewerbender Partner bleibt und nicht zum Konfrontationsfeld wird. Und das gilt auch für unseren Partner im pazifischen Raum – Japan.

Damit bin ich bei der vierten Herausforderung. Der europäische Binnenmarkt kann sich nur dann voll entfalten, wenn er in freiem Wettbewerb steht. Daher kommt es darauf an, die GATT-Verhandlungen rasch und erfolgreich abzuschließen. Den Zusammenbruch dieses internationalen Handelssystems kann niemand verantworten – gerade nicht in der Phase des Umbruchs von alten in neue politische Strukturen, in einer Phase globaler wirtschaftlicher Unsicherheit und großer Belastungen.

Die Bekämpfung von Hunger und Not in der Dritten Welt ist auf den Interessenausgleich von Nordamerika, Japan und Westeuropa angewiesen. Gemeinsame, konzertierte Anstrengungen dieser drei schaffen die Voraussetzungen dafür. Wir haben daran ein existentielles Interesse. Nur wenn wir einen Teil des Wohlstandes der nördlichen Hemisphäre exportieren und die Dritte Welt am Welthandel teilhaben lassen, sichern wir langfristig unsere eigene Stabilität. Handelsströme stoppen Menschenströme.

Politik und Wirtschaft müssen all diesen Herausforderungen gemeinsam begegnen. Deutschland und Europas Schicksal liegen dabei mit in den Händen der deutschen Wirtschaft. Wir müssen gemeinsam neues Zukunftsvertrauen mobilisieren. Wir müssen uns einen Ruck geben. Die europäische Revolution erfordert heute Entscheidungen und nicht morgen. Schon Horaz hatte Recht: »Wer ein Problem anpackt, hat es schon halb gelöst.«

Umbruch und Wandel in Europa und die Auswirkungen auf die Staaten des euro-atlantischen Raums

Rede auf der Konferenz des Chicago Council on Foreign Relations am 12. November 1992 in Marbella/Spanien.

»Die jahrzehntelange erfolgreiche Zusammenarbeit zwischen Europa und Amerika hat eine unauflösliche Bindung zwischen den beiden Kontinenten geschaffen.«

I.

Wir leben in einer Epoche dynamischer Entwicklungen, in einer turbulenten Übergangszeit, die noch vor kurzem niemand für möglich gehalten hätte. Hamlet sagt: »Die Zeit ist aus den Fugen.« Der historische Wandel der letzten drei Jahre hat in Europa eine grundlegende Veränderung der sicherheitspolitischen Lage bewirkt.

In einer Zeit einmaliger Chancen, aber auch brisanter Unwägbarkeiten, dürfen wir nicht versäumen, unsere Politik den neuen Realitäten, Herausforderungen und Veränderungen anzupassen. Die gemeinsame Verantwortung für Frieden und Stabilität bindet Europa und Nordamerika aneinander. Wenn wir uns dieser Verantwortung stellen und entsprechend handeln, wird die Zeit nicht aus den Fugen geraten. Wir müssen unserer Sicherheitspolitik und Strategie neue Substanz verleihen.

Alle euro-atlantischen Institutionen werden jetzt gleichzeitig umgestaltet und auf ihre neuen Aufgaben ausgerichtet – eine Entwicklung, die zudem die politische Forderung nach Komplementarität berücksichtigen muß. Zur gleichen Zeit definieren viele Staaten wie die USA, Frankreich, Großbritannien und Rußland ihre nationalen Positionen neu, um sich der grundlegend veränderten weltpolitischen Lage anzupassen. Dies gilt auch für das vereinte Deutschland, das seine Rolle und Verantwortung für Europa und die Welt klären muß.

II.

Die positiven Entwicklungen der letzten drei Jahre waren für alle Staaten Europas von tiefgreifender Bedeutung, für Deutschland aber waren sie sicherlich von größter Tragweite. Unsere sicherheitspolitische Lage hat sich entscheidend verbessert. Wir sind nicht mehr in der exponierten Lage eines Frontstaates und eines geteilten Landes.

Das Sicherheitsdilemma der deutschen Nachkriegszeit — der Widerspruch zwischen schützender nuklearer Abschreckung und der Gefahr, zum nuklearen Schlachtfeld zu werden — hat sich aufgelöst. Nach dem Scheitern des Kommunismus und dem Zerfall des Warschauer Pakts liegt Deutschland nicht mehr in unmittelbarer Reichweite eines zur strategischen Offensive und Landnahme befähigten Staates.

Erstmals sind unsere östlichen Nachbarn demokratische Staaten. Kein anderes Land in Europa hat so viele Nachbarn wie Deutschland. Alle diese Nachbarn sind Freunde, Verbündete oder Partner. Wir sind keiner unmittelbaren militärischen Bedrohung mehr ausgesetzt.

Deutschland liegt wieder im Zentrum Europas. Diese grundlegende Verbesserung der strategischen Lage meines Landes ist von wahrhaft historischer Dimension. Deutschland spielt keine Sonderrolle mehr. Es hat jetzt größere Handlungsfreiheit, die mit der Notwendigkeit zu einer größeren internationalen Verantwortung einhergeht.

Aufgrund seiner geostrategischen Lage und seiner demographischen, wirtschaftlichen und militärischen Potentiale hat Deutschland eine Schlüsselrolle für die Gestaltung tragfähiger europäischer Sicherheitsstrukturen. Wir Deutsche haben daher ein besonderes Interesse daran, die euro-atlantische politische Struktur weiterzuentwickeln und sie der Dimension des Wandels und den strategischen Erfordernissen der Zukunft anzupassen.

III.

Wenn wir über die Sicherheit und Stabilität Europas nachdenken, müssen wir den Blick auf die Chancen und Risiken künftiger Entwicklungen richten. Wir haben die Chance, Sicherheit, Stabilität und Wohlstand in und für Europa entscheidend voranzubringen. Wir haben die Chance, den europäischen Integrationsprozeß zu vertiefen und auszuweiten. Die politische Vision eines freien Europas hat eine klare Perspektive erhalten.

Andererseits dürfen uns die großen Chancen der neuen Ära nicht dazu verleiten, die Risiken und Instabilitäten aus den Augen zu verlieren. Europa ist kein Hort des Friedens und Wohlstands in einer unruhigen und konflikt-belasteten Welt. Die Gefahr eines nuklearen Konflikts ist weit in den Hintergrund unserer strategischen Sicht getreten, jedoch hat das Risiko regionaler Krisen und Konflikte zugenommen. Wir müssen heute Antworten auf ein latentes und nur zum Teil akutes Konfliktpotential finden, das eine Vielzahl von Ursachen hat und sich auf vielfältige Weise manifestiert.

Wahrscheinlich werden die zahlreichen Risiken für uns nicht zu einer existentiellen Bedrohung werden. Das Risikopotential kann aber im Verlauf krisenhafter Entwicklungen die internationale Ordnung destabilisieren und damit unsere Lebensgrundlage gefährden. Eskalierende Risiken könnten auch zu einer unmittelbaren militärischen Gefahr in Europa oder an seiner Peripherie führen. Dabei wird ein plötzliches Umschlagen latenter Risiken in einen militärischen Konflikt ebenso schwer vorhersehbar sein wie die Intensität möglicher Konflikte und damit das Ausmaß unserer möglichen Bedrohung. Ich erwarte risikoträchtige Entwicklungen vor allem auf zwei Feldern:

Erstens: Im Osten unseres Kontinents sind Spannungen freigesetzt worden, die lange Zeit unterdrückt waren. Alte nationalistische Gefühle brechen erneut auf und gewinnen an Gewicht. Der systematischen, verstärkten Integration in Westeuropa steht eine rapide, unabsehbare Desintegration im Osten Europas gegenüber.

Das Auseinanderbrechen der ehemaligen Sowjetunion ist nicht nur verbunden mit unterschiedlichen Risiken ethnischer, religiöser und nationalistischer Natur und mit Risiken, die die Sicherheit von Nuklearwaffen betreffen. Es wirft vor allem auch Minderheitenprobleme auf und konfrontiert uns mit den Folgen großer wirtschaftlicher Schwäche und mit sozialen Fragen ungeahnten Ausmaßes.

Zweitens: An der südlichen Peripherie Europas und in der gesamten Dritten Welt zeigt sich uns ein düsteres Bild ausgeprägter Machtkämpfe, ethnischer und religiöser Spannungen sowie krasser wirtschaftlicher und sozialer Gegensätze. Von ihnen allen gehen Instabilität und Konflikte aus. Mit den instabilen innenpolitischen Verhältnissen gehen oftmals dramatisches Bevölkerungswachstum und wirtschaftliche Unterentwicklung einher. Die Verbreitung von ABC-Waffen, die Bedrohung durch ballistische Flugkörper und die Möglichkeit von Konflikten an der NATO-Peripherie bilden ein umfassendes Spektrum neuer Risiken für Europa.

IV.

Unsere Sicherheit in Europa, aber auch in anderen Teilen der Welt, wird also nicht nur durch Waffen bedroht, sondern auch durch konfliktträchtige ideologische, wirtschaftliche und ökologische Entwicklungen. Sowohl innerhalb als auch außerhalb Europas gibt es ein wachsendes Krisenpotential, das vielfältige Ursachen hat und nicht mit militärischen Mitteln allein ausbalanciert werden kann. Zur Lösung dieser Risiken sind die Ressourcen der industrialisierten Welt erforderlich. Dies ist kein Altruismus, das ist ein zwingendes Gebot der euro-atlantischen Sicherheitspolitik.

Die Internationalität des Krisenpotentials wird die Staatengemeinschaft stets als ganze berühren. Unser Krisenmanagement muß sich daher neuen Aufgaben stellen. Da künftige Krisen und Konflikte sich einer eindeutigen Beurteilung entziehen, kann unsere Sicherheitsvorsorge nicht auf fest umrissene Szenarien zurückgreifen. Die künftige Sicherheitspolitik darf nicht reaktiv, sondern muß flexibel, stabilitätsorientiert und aktiv sein.

Die Sicherheitspolitik darf daher nicht ausschließlich auf die Abschreckung militärischer Aggressionen fixiert sein. Sie muß bemüht sein, die Ursachen gefährlicher Spannungen in anderen Bereichen abzubauen.

Oder, um es anders auszudrücken: Sicherheitspolitik ist heute zu einer gesamtpolitischen Aufgabe geworden.

Hierzu gehört auch eine präventive Sozial- und Wirtschaftspolitik, an der Europa mitwirken und für die es mit den anderen hochentwickelten Industriestaaten weltweit zusammenarbeiten muß. Eine derartige umfassende Sicherheitskonzeption ohne ausreichende militärische Macht wäre aber eine gefährliche Illusion. Ohne militärische Machtmittel sind Sicherheitssysteme letztendlich zur Bedeutungslosigkeit verurteilt.

Es wird jetzt entscheidend darauf ankommen, diese Forderungen in eine tragfähige euro-atlantische Sicherheitsarchitektur für ein umfassendes Krisen- und Konfliktmanagement umzusetzen. Dies ist ein schwieriger Prozeß. Was wir zur Bewältigung globaler und regionaler Herausforderungen brauchen, ist ein flexibles politisches Instrumentarium. Dafür lassen sich zwei Grundsätze ableiten:

o Eine europäische Sicherheitsarchitektur muß die euro-atlantischen Regionen von Vancouver bis Wladiwostok umspannen. Sie muß insbesondere den Ländern Mittel- und Osteuropas eine sicherheitspolitische Perspektive geben.

o Wir brauchen einen flexiblen und funktionsfähigen Sicherheitsverbund, in dem NATO, EG, WEU und KSZE einander komplementär ergänzen. Keine dieser Institutionen kann oder soll eine andere ersetzen. Sie sollten ihre Fähigkeiten synergetisch entfalten.

Für die Entwicklung eines tragfähigen sicherheitspolitischen Konzepts für die Zukunft müssen wir die zwei grundlegenden Erfordernisse miteinander verbinden: die auf gemeinsamen Werten und Interessen beruhenden Konstanten der europäisch-atlantischen Sicherheitspolitik und schlüssige Antworten auf die drängenden Fragen unserer Zeit.

V.

Die überaus erfolgreiche Zusammenarbeit zwischen Europa und Amerika hat eine Bindung geschaffen, die unauflösbar ist. Es geht dabei um mehr als Verträge, die Reaktionen auf gemeinsame Bedrohungen und wirtschaftliche Konkurrenz waren und sind. Die transatlantische Brücke muß erhalten bleiben, wenn wir den Herausforderungen der Zukunft erfolgreich begegnen wollen.

Die Vereinigten Staaten und Europa können sich weder voneinander distanzieren noch ihrer Verantwortung für die Welt von morgen allein gerecht werden. Die Entwicklungsaufgaben in Osteuropa und der Dritten Welt, die von so zentraler Bedeutung für unsere Zukunft sind, erfordern eine enge transatlantische Zusammenarbeit.

Wir in Europa verstehen, daß unsere amerikanischen Freunde, nachdem sie die Hauptlast für die Überwindung des Kalten Krieges getragen haben, in Zukunft den Schwerpunkt stärker auf innenpolitische, insbesondere aber wirtschaftspolitische Fragen setzen. Daher müssen die Europäer eine größere Verantwortung für ihre eigene Sicherheit in Europa und ihre gemeinsamen Interessen in der Welt übernehmen.

Wir brauchen aber die Vereinigten Staaten als Partner für die Gestaltung des ganzen, freien Europas. Die Frage ist nicht nur von europäischem Interesse. Niemand in den USA sollte glauben, daß Krisen in Europa am Atlantik haltmachen würden. Selbst dieser Ozean ist nicht breit genug, um europäische Probleme von Amerika fernzuhalten. Ich bin daher überzeugt, daß es auch für die Vereinigten Staaten von vitalem Interesse ist, unkalkulierbare Risiken in Europa zu verhindern.

Es darf auf unserer Seite des Atlantiks keinen Eurozentrismus geben, aber auf der anderen Seite auch keinen neuen Isolationismus. Die USA sind in Europa genauso zuhause wie in Nordamerika. Wir wohnen in einem gemeinsamen Haus. Daher bestärken wir unsere amerikanischen Freunde darin, ihre Interessen in Europa zu definieren und klar zum Ausdruck zu bringen.

Ich möchte deutlich hervorheben, daß die Teilhabe der Vereinigten Staaten an den europäischen Prozessen — auf politischer, wirtschaftlicher und strategischer Ebene — ein vitales europäisches Interesse ist. Das zusammenwachsende Europa kann von unseren amerikanischen Freunden nicht verlangen, uns zwar noch immer strategischen Rückhalt zu gewähren, ihnen zugleich aber die Mitwirkung an den europäischen Prozessen verwehren.

Was wir brauchen, ist eine neue Partnerschaft unter Gleichen und einen amerikanischen Partner, der verantwortungsvoll zur Gestaltung des neuen Europas beiträgt. Das bedeutet auch eine Präsenz amerikanischer Truppen in militärisch signifikanter Stärke. Sie sind in den letzten Jahrzehnten zum integralen Bestandteil der europäischen Sicherheitskultur geworden.

Die Qualität unserer Zusammenarbeit auf dem Gebiet gemeinsamer Sicherheit und Verteidigung darf nicht aufs Spiel gesetzt werden. Sie sollte auch für unsere Beziehungen auf anderen Gebieten, besonders im wirtschaftspolitischen Bereich, als Beispiel dienen.

Eine vertrauensvolle transatlantische Partnerschaft und die Entwicklung einer europäischen Verteidigungsidentität sind keine Gegensätze. Das Ziel ist, die Allianz durch die Entwicklung einer europäischen Sicherheitsidentität zu stärken, und nicht, sie zu schwächen. Europa muß dazu jedoch die Fähigkeit entwickeln, auch militärisch zu handeln. Wir müssen größere Verantwortung für unsere eigenen militärischen Angelegenheiten übernehmen und uns neuen Herausforderungen stellen.

Europa ist auf dem Weg, seine Sicherheits- und Verteidigungsidentität im Rahmen der Europäischen Union zu entwickeln. Die Westeuropäische Union ist zur Zeit die einzige Organisation, innerhalb der die Harmonisierung europäischer Sicherheits- und Verteidigungspolitik langfristig zu erreichen ist. Diese Harmonisierung dient auch der NATO. Nur mit einem starken europäischen Pfeiler kann die NATO als Stabilitätsanker für den gesamten Kontinent zur Verfügung stehen.

Die verteidigungspolitische Dimension der Europäischen Union ist im Grundsatz bereits von allen Mitgliedstaaten der Allianz und auch von unseren nordamerikanischen Partnern akzeptiert. Die Dokumente des NATO-Gipfels in Rom unterstreichen, daß das Bündnis in den europäischen militärischen Vereinbarungen einen gewinnbringenden und originären Beitrag zu Sicherheit und Stabilität sieht.

Es wäre jedoch nicht sinnvoll, eine europäische Streitmacht zusätzlich zur Streitkräftestruktur der NATO vorzusehen. Niemand kann sich einen solchen Ansatz leisten, und für einen derartigen Plan gibt es auch kein politisch-strategisches Rational.

Die Westeuropäische Union muß aber auf Streitkräfte zurückgreifen können. Dazu gehören beispielsweise auch der britisch-niederländische amphibische Verband und die gerade in Mitteleuropa aufgestellte multinationale Division. Darüber hinaus kann die kürzlich von Frankreich, Italien und Spanien vereinbarte maritime Zusammenarbeit im Mittelmeerraum ein Baustein für eine Streitkräftestruktur der WEU werden — ebenso wie das auf französische und deutsche Initiative hin geschaffene Euro-Korps, an dem sich Belgien möglicherweise beteiligen wird.

Entscheidend ist, daß die Entwicklung einer europäischen Verteidigungsidentität nicht als Konkurrenz zur NATO verstanden wird. Daher halten wir für das Euro-Korps einen gemeinsamen politischen Rahmen und eine entsprechende Vereinbarung mit SACEUR für unabdingbar. Die Arbeit an dieser wichtigen Frage ist nahezu abgeschlossen. Wie von Frankreich und Deutschland vereinbart, stellt der Auftrag des Euro-Korps dessen Rolle sowohl für die NATO als auch für die WEU deutlich heraus. Es wird eingesetzt im Rahmen der gemeinsamen Verteidigung der NATO, in Fällen, in denen die NATO nicht handeln kann oder will, und schließlich für humanitäre Einsätze.

Bei Einsätzen im Rahmen der NATO wird das Euro-Korps SACEUR unterstellt — das ist gängige Praxis bei Verbänden, die der NATO assigniert werden. Für das Euro-Korps wird der NATO aber kein einziger deutscher Verband entzogen. Sie mögen fragen, wie das in der Praxis tatsächlich funktionieren soll. Das ist ziemlich unproblematisch: Die Bundeswehrverbände bleiben der NATO unterstellt. Handelt die NATO, erfüllen sie ihren NATO-Auftrag. Handelt die NATO aber nicht und die WEU wird tätig, wird die NATO darüber unterrichtet, daß wir deutsche Verbände für eine europäische Operation einsetzen – genau nach dem Verfahren, das die Alliierten für den Einsatz ihrer Truppen am Golf, auf den Falkland-Inseln oder in Zaire angewandt haben.

Die politische Integration Europas wird nicht zu einer »Festung Europa« führen. Ein zusammenwachsendes Europa wird den Atlantik nicht breiter machen, sondern der unerläßliche starke Pfeiler für die transatlantische Brücke der Freundschaft und Zusammenarbeit sein.

VI.

Lassen Sie mich zu einigen abschließenden Betrachtungen kommen: Die euro-atlantische Gemeinschaft muß in der Lage sein, für die neuen Perspektiven des einen Europas nach dem Kalten Krieg beizutragen, sowohl zur Wahrnehmung der Chancen als auch zur gemeinsamen Beherrschung von Risiken. Europa muß einen gerechten Anteil an der Verantwortung für Frieden, Sicherheit, Stabilität und Freiheit in der ganzen Welt übernehmen. Eine solche umfassende Herausforderung kann nur durch die Integration Europas und die vertrauensvolle transatlantische Zusammenarbeit in einer Partnerschaft unter Gleichen gemeistert werden.

Amerikaner und Europäer müssen Partner sein. Unsere Interessen sind zwar nicht immer zwangsläufig identisch. Wir wissen alle, daß politische und wirtschaftliche Fragen selten klar zu trennen sind. Komplexität liegt ebenso in der Natur der politischen Beziehungen wie in der einer Familie. Denn Europäer und Amerikaner sind eine große Familie, die in einem gemeinsamen Haus lebt. Lassen Sie mich das in den Worten von Robert Frost, einem großen amerikanischen Dichter, ausdrücken: »Home is the place where, when you have to go there, they have to take you in.«

Europas Sicherheit und internationale Friedenssicherung. Der Beitrag der Bundesrepublik Deutschland

Vortrag auf der 14. Internationalen Fachtagung für Politik und Strategie der Hanns-Seidel-Stiftung am 17. November 1992 in München.

»Sicherheitspolitik ist heute eine Aufgabe der gesamten Politik geworden.«

I.

Ich bedanke mich für Ihre Einladung zu dieser Fachtagung und nehme gern die Gelegenheit wahr, Ihnen meine Gedanken zu Frieden und Sicherheit in und für Europa und unseren deutschen Beitrag vorzustellen.

Deutschland steht vor großen Herausforderungen. Die Einheit zu vollenden — das bleibt die zentrale Aufgabe deutscher Politik in den neunziger Jahren. Aber auch von außen kommt viel auf uns zu. Die Erwartungen an das vereinte Deutschland sind hochgesteckt. Wir werden nicht alles tun können, was von uns erwartet wird. Aber wir müssen auf der weltpolitischen Bühne die Rolle spielen, die uns als einem verantwortungsvollen Mitglied der Völkergemeinschaft zukommt. Dazu gehört auch angemessene Sicherheitsvorsorge für eine neue Zeit. Dieser Aufgabe müssen wir uns als Deutsche und als Europäer stellen.

II.

Europa befindet sich in einer dramatischen Phase des Wandels. Die politische Statik des Kalten Krieges, die Europa über Jahrzehnte am Zusammenwachsen hinderte, ist zusammengebrochen. Der historische Umbruch der vergangenen Jahre hat das sicherheitspolitische Umfeld auf unserem Kontinent grundlegend verbessert. Die politische Vision des einen und freien Europas wird konkret greifbar.

73

Die Vereinigung Deutschlands und die Auflösung des gegnerischen Militärpakts sind irreversible Tatsachen. Sie verleihen dem politischen Fortschritt in Europa eine dauerhafte Basis. Der fortschreitende Demokratisierungsprozeß in den Ländern im Osten und Südosten Europas gibt der politischen Entwicklung zusätzlich Stabilität. Dies gilt zumindest für unsere direkten Nachbarn.

Dennoch bietet die sicherheitspolitische Landschaft Europas ein widersprüchliches Bild. Während Westeuropa zusammenwächst, gehen die Zerfallsprozesse im Osten des Kontinentes weiter. Latente und akute Konflikte bestimmen das Bild dieser Regionen.

Zugleich steht Europa vor globalen Herausforderungen, deren überragende Bedeutung sich erst langsam zu erschließen beginnt. Es wächst aber das Bewußtsein der Völker für ihre unteilbare Verantwortung für eine gemeinsame Zukunft.

Heute, in unserer Zeit, müssen wir die politischen Grundlagen schaffen, damit zukünftige Generationen in Europa und weltweit in Sicherheit leben können. Unsere Entscheidungen in einer Zeit des Umbruchs bestimmen das Gesicht der Welt im 21. Jahrhundert. Entscheidungen, die Bestand haben sollen, verlangen klare Ziele — solche, die sich nicht täglich ändern. Wir brauchen eine überzeugende Konzeption, wie diese Ziele zu erreichen sind, ohne ständig nachzubessern. Der Ausgangspunkt ist eine nüchterne Analyse der Lage.

III.

Eine neue Konstellation von Chancen und Risiken wird immer deutlicheres Kennzeichen des sicherheitspolitischen Lagebildes der Zukunft. Wir haben die Chance, Sicherheit und Fortschritt in und für ganz Europa entscheidend voranzubringen. Politische Stabilität, wirtschaftliche Prosperität und soziale Sicherheit sind zu einer neuen Perspektive des einen und freien Europas geworden. Dazu ist die Konzentration aller Kräfte in Europa notwendig — politisch, ökonomisch und strategisch. Darin liegt die gestalterische Aufgabe der Zukunft.

Wir haben die Chance, den europäischen Integrationsprozeß durch Erweiterung und Vertiefung schrittweise zu vollenden und das sicherheitspolitische Vakuum Osteuropas durch gleichberechtigte Partnerschaft zu füllen. Für Europa öffnet sich auch die Möglichkeit, seine politische Handlungsfähigkeit zu verbessern und seine eigenen Interessen selbstverantwortlich wahrnehmen zu können. Nur als geschlossen handelnder und global wirkender Akteur kann Europa entscheidend zur Lösung der großen weltweiten Zukunftsaufgaben beitragen.

IV.

Zugleich können wir die Augen vor neuen Gefahren und Risiken nicht verschließen. Europa ist noch nicht am Ziel. Zwar ist die Gefahr eines großen Krieges in Europa gebannt. Aber wir beobachten eine Vielfalt von schwer durchschaubaren und beherrschbaren Krisen und Konflikten auf unserem Kontinent. Globale Trends und Fehlentwicklungen, regionale Risiken und innerstaatliche Konflikte überlagern sich zu einer unübersichtlichen Gemengelage. Die sicherheitspolitische Landschaft liegt in einem diffusen strategischen Licht. Ich sehe risikoträchtige Entwicklungen mit Gefahrenpotential für Deutschland vor allem auf zwei Feldern:

Erstens: Mittel- und Osteuropa sind von der eisernen Klammer der Ideologie und des Warschauer Paktes befreit. Dadurch brechen unterdrückte, teilweise jahrhundertelang ungelöste Minderheiten- und Nationalitätenkonflikte wieder auf. Niemand kann genau abschätzen, ob die Fragmentierung der UdSSR in die alten Unionsrepubliken sich weiter fortsetzt in Separatismus und Regionalismus. Sicher ist: Rußland ist die stärkste militärische Macht in Europa, ist zugleich See-, Nuklear- und Weltraummacht.

Zweitens: In vielen Regionen der Dritten Welt bildet sich ein explosives Gemisch aus wirtschaftlicher Unterentwicklung, riesigen Schulden, rasanter Bevölkerungszunahme, desolaten Umweltbedingungen, politisch ambitioniertem, religiösem Fundamentalismus und selbstzerstörerischen Stammeskonflikten. Die Anhäufung moderner Waffentechnologie dort strahlt bereits heute auf die Sicherheit Süd- und Südosteuropas aus. Illegale

Waffen- und Technologieproliferation werden zu einem Risikofaktor besonderer Qualität.

Prognosen über den Verlauf künftiger Entwicklungen und denkbare Krisensituationen sind kaum möglich. Risikovorsorge darf daher nicht eurozentrisch angelegt sein. Risikovorsorge muß als erweiterte Schutzfunktion verstanden werden. Aber wir haben es nicht allein mit neuen Risiken zu tun. Das ist nur die eine Seite der Medaille. Die andere wird durch wirtschaftliche und technologische Herausforderungen geprägt.

V.

Der internationale Einfluß eines Staates wie auch seine Sicherheit werden immer weniger von seiner Militärmacht und immer mehr von seiner Wirtschaftskraft und technologischen Innovationsfähigkeit bestimmt. Der politisch-militärische Antagonismus ist entfallen. Dafür hat der Handels- und Technologiewettbewerb an Schärfe zugenommen. Nicht umsonst bestimmen wirtschaftliche und Währungsaspekte die aktuelle Europa-Diskussion. Auch diese Fragen besitzen eine globale Dimension.

Nach der Unterzeichnung des nordamerikanischen Freihandelsabkommens zwischen Kanada, USA und Mexiko erhalten die transatlantischen Wirtschaftsbeziehungen eine neue Dimension. 370 Millionen Menschen sind in einem Wirtschaftsraum vereinigt. Die Wirtschaftsleistung liegt bei 6 200 Mrd Dollar — etwa 30 Prozent der Weltwirtschaftsleistung. Dieser Wirtschaftsraum ist nicht nur größer als der der heutigen EG. Er strebt auch nach Ausdehnung über ganz Lateinamerika bis nach Feuerland.

Auch die Staaten des pazifischen Raumes drängen mit Macht auf den Weltmarkt. Neben Japan sprechen wir heute noch von den »fünf kleinen Tigern«, morgen sind das entwickelte Industrienationen. China kommt hinzu. Auch das muß in eine ganzheitliche und umfassende sicherheitspolitische Betrachtung einbezogen werden.

VI.

Da sich das Krisen- und Konfliktgeschehen der Zukunft einer eindeutigen Beurteilung entzieht, kann auch Sicherheitsvorsorge nicht an eindeutigen Szenarien orientiert und bis ins Detail vorgeplant werden. Die Frage »Gegen wen müssen wir uns eigentlich noch verteidigen?« zeugt von einem unvollkommenen Verständnis für das zukünftig zu erwartende Risikogeschehen. Sicherheitspolitik der Zukunft darf nicht reaktiv, sondern muß stabilitätsorientiert und aktiv sein, muß Gestaltungskraft entwickeln. Wir müssen begreifen, daß Sicherheit in Europa und weltweit zwar immer noch, aber eben nicht allein von Waffen bedroht wird.

Sicherheitspolitik kann sich deshalb nicht nur auf Abschreckung militärischer Aggressionen beschränken; sie muß auch darum bemüht sein, Ursachen von gefährlichen Spannungen in anderen Bereichen abzubauen. Oder anders gesagt: Sicherheitspolitik ist heute eine Aufgabe der gesamten Politik geworden. Politische, wirtschaftliche und soziale Aspekte sind mit der weiterhin unverzichtbaren Verteidigungsfähigkeit zu einer Einheit zusammenzufügen.

Wirtschaftliche Gesundung Osteuropas, die wirtschaftliche Stabilität ganz Europas und Hilfe zur Überwindung wirtschaftlichen und sozialen Rückstands in der Dritten Welt sind tatsächlich eine Investition in unsere eigene Sicherheit. Eine verantwortliche Sicherheitspolitik muß aber die Instabilitäten im europäischen und globalen Kontext stets auch als potentiellen Anlaß für die Notwendigkeit zum Einsatz militärischer Mittel betrachten.

Die Vorstellung von Frieden ohne Macht ist eine gefährliche Illusion, und Sicherheitssysteme ohne angemessene militärische Machtmittel sind letztlich zur Bedeutungslosigkeit verurteilt. Streitkräfte sind zwar nur eine Komponente staatlicher Macht, aber auch in Zukunft eine besonders wichtige.

VII.

Die zukünftige euro-atlantische Sicherheitsarchitektur muß den breiten Sicherheitsbegriff reflektieren. Die Herausforderungen, die sich uns stellen werden, können nicht von einer Institution allein bewältigt werden, sondern nur in einem Geflecht ineinandergreifender Institutionen. Deshalb arbeiten wir auf eine Struktur hin, in der die NATO, die KSZE, die Europäische Gemeinschaft, die WEU und andere Institutionen einander komplementär ergänzen und ihre Handlungsmöglichkeiten synergetisch entfalten.

Die politische Integration zur Europäischen Union ist Grundvoraussetzung für eine tragfähige europäische Sicherheitsarchitektur. In der Union konkretisiert sich nicht nur das Streben Europas nach Einheit, Freiheit und Wohlstand. Sie steht auch für den Willen der Europäer, ihre eigenen Sicherheitsinteressen gemeinsam zu wahren und dazu handlungsfähig zu werden.

Nur als Politische Union kann Europa auf Dauer im weltweiten Kontext bestehen und zu einem gestaltenden Faktor werden. Nur die Politische Union kann ein Verhältnis gleichberechtigter Partnerschaft mit Nordamerika entwickeln. Die Entscheidung, mit der WEU die europäische Sicherheits- und Verteidigungsidentität und die militärische Handlungsfähigkeit zu stärken, ist deshalb von strategischem Rang.

Aber es geht nicht nur um Europa. Niemand in Europa sollte meinen, daß wir unsere Zukunft ohne die Partnerschaft mit unseren amerikanischen Freunden sichern könnten. Europa und Amerika waren und sind eine Schicksalsgemeinschaft – heute mehr denn je. Sie teilen gemeinsam die Risiken, aber eben auch den Erfolg, wenn es uns gelingt, Frieden zu stiften und Wohlstand zu schaffen.

Es darf weder einen Eurozentrismus auf dieser Seite des Atlantiks geben noch einen Neo-Isolationismus auf der anderen. Wir verstehen das Bekenntnis der USA zum Sicherheitsraum von Vancouver bis Wladiwostok als eine Hinwendung zu Europa. Das Engagement der Vereinigten Staaten in der NATO, im Nordatlantischen Kooperationsrat, in der KSZE und in ihrer humanitären Hilfe für Osteuropa zeigen ihre fortdauernde Verantwortungsbereitschaft für ganz Europa. Uns Europäern fällt die Pflicht zu, den Menschen in den USA das Gefühl zu vermitteln, daß wir diese Partnerschaft wünschen und brauchen und daß diese Partnerschaft mehr ist als ein reines Zweckbündnis. Wir Deutschen stehen dieser Partnerschaft aufgeschlossener gegenüber als andere.

Daher bleibt für uns Deutsche die NATO Rückgrat und wichtigstes Element der Sicherheit Europas. Als einziges voll funktionsfähiges Instrument kollektiver Verteidigung in Europa garantiert das Bündnis Stabilität und gewährleistet Sicherheit im dynamischen Prozeß des Wandels. Die Nordatlantische Allianz ist dabei auf gutem Wege, ein zeitgemäßes neues Selbstverständnis zu finden.

Was wir brauchen, ist eine neue Partnerschaft unter Gleichen und einen amerikanischen Partner, der das neue Europa mitgestaltet. Dazu gehört auch die Präsenz amerikanischer Truppen in militärisch signifikanter Größenordnung. Die amerikanischen Truppen sind in den letzten Jahrzehnten zum Bestandteil der europäischen Sicherheitskultur geworden, und dies geht weit über den militärischen Bereich hinaus.

Eine vertrauensvolle transatlantische Partnerschaft und die Entwicklung einer europäischen Verteidigungsidentität sind kein Gegensatz. Europäische Verteidigungsidentität verlangt ein Instrument europäischer militärischer Handlungsfähigkeit – die WEU – mit verfügbaren, einsatzfähigen Streitkräften. Der europäische Pfeiler der Sicherheit wird aber die Atlantische Allianz stärken und nicht schwächen.

Das Euro-Korps ist einer der europäischen Bausteine europäischer Verteidigung – im Rahmen der NATO und im Rahmen der WEU. Wir werden während des NATO-Rats im Dezember eine Vereinbarung zur NATO-Unterstellung des Euro-Korps auf dem Tisch haben, die ganz eindeutig festlegt, daß das Euro-Korps als geschlossener Großverband stets auch für das Bündnis verfügbar bleibt.

VIII.

Das vereinte Deutschland darf sich nicht nur auf die Herausforderung konzentrieren, den Einigungsprozeß trotz aller Probleme zügig zu vollenden. Auch für seine künftige Sicherheitspolitik steht Deutschland vor wichtigen Entscheidungen. Deutschland hat unter allen Staaten am meisten vom sicherheitspolitischen Umbruch profitiert. Wir dürfen und wollen den fundamentalen Gewinn nicht einfach nur konsumieren. Wir müssen uns unserer Verantwortung stellen. Unsere Verbündeten, Partner und Freunde, besonders die, mit denen wir eine Europäische Union bauen wollen, erwarten mit Recht, daß Deutschland in aller Normalität seine Rechte und Pflichten wahrnimmt.

In Europa und weltweit wird Deutschland nicht nur als ökonomische, sondern auch als politische Macht gesehen. Unser Land besitzt aufgrund seiner geographischen Lage, vor allem aber wegen seiner politischen und wirtschaftlichen Potenz eine Schlüsselrolle für die Zukunft unseres Kontinents und darüber hinaus. Deutschland ist zu einer maßgeblichen Bezugsgröße für die Politik seiner Partner geworden. Ohne Deutschland wird es keine handlungsfähige Sicherheitsstruktur in und für Europa geben. Ohne Deutschland werden die wirtschaftlich ruinierten Staaten im Osten unseres Kontinents ökonomisch, ökologisch und sozial nicht gesunden. Nur mit Deutschland wird Europa seine politische und ökonomische Dynamik entfalten und als Kraftquelle für Frieden und Fortschritt bereitstehen können.

Um die neue politische Ordnung in Europa und weltweit im Sinne unserer Interessen mitgestalten zu können, muß Deutschland politisch handlungsfähig, bündnisfähig und kooperationsfähig sein. Als souveräner Staat mit weltweiten Interessen und als Mitglied der Völkergemeinschaft muß Deutschland daher auch angemessene militärische Beiträge zur Gestaltung einer sicheren und stabilen Zukunft leisten. Qualität und Quantität dieser Beiträge bestimmen den politischen Handlungsspielraum unseres Landes mit und damit das Gewicht, mit dem die deutschen Interessen zur Geltung gebracht werden können.

Aber auch andere friedliche Völker, die keine Bündnispartner sind, verdienen den Schutz, den wir für uns bisher ganz selbstverständlich in

Anspruch genommen haben. Wir waren über Jahrzehnte auf die Solidarität und den Schutz unserer Partner angewiesen. Mit welchem Recht können wir uns heute einem solidarischen Handeln der Völkergemeinschaft verweigern, wenn Frieden gebrochen und Völkerrecht verletzt wird? Das Grundgesetz verpflichtet deutsche Politik dem Ziel, Europa zu einen und dem Frieden der Welt zu dienen. Dieses Verfassungsgebot muß Maxime unseres sicherheitspolitischen Handelns in Europa und weltweit werden.

Ich bin daher zur Zeit dabei, die Konzeption für die deutschen Streitkräfte den veränderten strategischen Herausforderungen anzupassen. Eine an die neuen Rahmenbedingungen und die lange Warnzeit angepaßte Verteidigungsfähigkeit stellt auch in Zukunft die Grundlage der deutschen Sicherheitsvorsorge dar. Hauptauftrag der Bundeswehr bleibt also die Landesverteidigung. Verteidigungsvorsorge kann aber künftig nicht auf das eigene Territorium beschränkt bleiben; sie ist ein kollektiver Ansatz. Für Deutschland bedeutet Verteidigung immer Verteidigung im Bündnis im Sinne einer erweiterten Landesverteidigung. Ein Teil der deutschen Streitkräfte muß daher zum Einsatz außerhalb Deutschlands befähigt sein.

Die Notwendigkeit, bei kurzfristig auftretenden Krisen und Konflikten rasch, flexibel und solidarisch reagieren zu können, erfordert Krisenreaktionskräfte. Deutlich begrenzte Teilkomponenten dieser Kräfte werden nach Vorliegen der Voraussetzungen Friedensmissionen im Einklang mit der UN-Charta übernehmen, um der deutschen Mitverantwortung in der Völkergemeinschaft gerecht zu werden. Bis zum Herbst nächsten Jahres werden erste Truppenteile für Blauhelm-Missionen einsatzbereit sein.

Nach meinem Eindruck werden die aus dieser Analyse resultierenden strategischen Herausforderungen in Deutschland noch eher zögerlich zur Kenntnis genommen. Dafür gibt es gute Gründe. Unsere sicherheitspolitischen Vorstellungen waren in den letzten Jahrzehnten eurozentrisch angelegt. Deutschland im Kern Europas war unmittelbar, existentiell und am meisten bedroht. Darüber hinaus haben der Schock über die Verbrechen der Diktatur in Deutschland und die Folgen des Zweiten Weltkrieges zur politisch-moralisch begründeten Zurückhaltung geführt. Diese Kultur der Zurückhaltung war von allen gewollt. Auch von unseren Partnern. Lange Zeit war sie Ausdruck deutscher Berechenbarkeit in der Welt.

Nun ist aber eine Epochenschwelle überschritten. Wir konstatieren einen politischen Paradigmenwechsel. Was wir nun benötigen, ist ein Bewußtseinswandel. Wir brauchen den Blick für die gesamte geänderte Welt, ein neues politisches Koordinatensystem in unserem Bewußtsein. Das deutsche und europäische Einigungswerk sind die zentralen Aufgaben dieses Jahrzehnts.

Wir sollten den Wandel als Chance und als positive Herausforderung annehmen, seine strategische Qualität erkennen und ihn aktiv und gemeinsam mit unseren Partnern gestalten. Mit Großmachtstreben hat das nichts zu tun. Es hat zu tun mit einer verantwortlichen Wahrnehmung eigener Interessen im Bündnis mit Partnern, mit dem Einsatz für eine Friedensordnung in ganz Europa und für den Schutz des Völkerrechts in der Welt.

Der Verteidigungshaushalt 1993

Rede zur Haushaltsdebatte am 25. November 1992 im Deutschen Bundestag in Bonn.

»Die Bundeswehr braucht Planungssicherheit für ihren Weg in die Zukunft.«

Frau Präsidentin! Liebe Kolleginnen und Kollegen!
Der Verteidigungshaushalt 1993 wird um real acht Prozent unter dem Haushalt dieses Jahres liegen. Es sind gewaltige Einschnitte mit tiefgreifenden Konsequenzen vorgenommen worden. Dennoch gilt mein erstes Wort dem Dank an die Berichterstatter des Einzelplans 14; denn es ist zu einer verantwortungsvollen Kooperation gekommen. Ich kann sagen, daß das Haushaltsergebnis insgesamt, wenn auch mit großen Schwierigkeiten, für die Bundeswehr tragbar sein wird. Vielen Dank für diese verantwortungsvolle Kooperation!

(Beifall bei der CDU/CSU und der F.D.P.)

Ein Wort des Dankes geht auch an die Redner der Fraktionen, vor allem an die SPD-Kollegen. Es ist gut, daß Sie endlich die alte Schlachtordnung wiederhergestellt haben. Das ist sehr beruhigend für mich und auch für Herrn Koppelin, wie Sie gemerkt haben.

(Beifall des Abg. Jürgen Koppelin [F.D.P.])

Die Opposition muß Kritik üben. Dazu möchte ich ihr einen heißen Tip geben: Sie sollte an die Realität anknüpfen. Wer ein Zerrbild der Bundeswehr zeichnet, der wird nicht verstanden, weder in der Bundeswehr noch in der Bevölkerung.

(Beifall bei der CDU/CSU und der F.D.P. – Horst Jungmann [Wittmoldt-SPD]: Wer hat das gemacht?)

Zum Beispiel der Kollege Heistermann. Nehmen Sie es mir nicht übel, aber bei dem einen oder anderen Teil der Debatte bzw. bei einigen Bemerkungen habe ich an die Soldaten gedacht. Vielleicht denken wir alle zuwenig an die Soldaten. Unsere Soldaten tun ihre Arbeit heute nicht nur in Deutschland, sondern sie sind auch im Ausland im Einsatz. Wie hätte sich die Übertragung wohl auf dem Zerstörer in der Adria oder auf dem Flug nach Sarajewo oder in Kambodscha oder in Somalia angehört? Ich bin dankbar für die Worte der Unterstützung, die hier gesagt worden sind. Nur, insgesamt wird diese neue Dimension des Einsatzes deutscher Soldaten — auch in dieser Debatte — nicht ausreichend gewürdigt.

(Beifall bei der CDU/CSU und der F.D.P.)

Herr Kollege Jungmann, Sie haben gesagt, ich würde das Ministerium noch nicht genug umorganisieren. Ich könnte Ihnen Gesprächspartner vermitteln, die sagen, ich sollte ein bißchen langsamer vorangehen.

(Zustimmung bei der CDU/CSU und der F.D.P.)

Aber das wird ein Hauptthema im nächsten Jahr sein. Ich werde das Ministerium auf die ministeriellen Aufgaben zurückschneiden und über alternative Strukturen nachdenken. Wenn Sie sagen, der Blankeneser Erlaß von Helmut Schmidt sei für Sie kein Tabu, dann bin ich dankbar dafür; denn das wird mir in der Tat helfen, ab dem nächsten Jahr hier die notwendigen Reformen durchzusetzen.

Die Bemerkung der Sozialdemokraten, daß aufgrund der Tatsache, daß die Planungskonferenz jetzt im Dezember stattfindet, die Beratung des Haushalts wertlos sei, entbehrt jeder Grundlage. Die Planungskonferenz im Dezember beschäftigt sich mit dem Bundeswehrplan '94. Das ist der Zeitraum 1994 bis 2006. Der Haushalt '93 ist davon überhaupt nicht betroffen. Insofern haben Sie da ein Eigentor geschossen, Herr Kollege Jungmann.

(Beifall bei der CDU/CSU und der F.D.P. — Kurt J. Rossmanith [CDU/CSU]: Nicht nur eins!)

Liebe Kolleginnen und Kollegen, die Kürzungen wirken sich besonders bei militärischen Beschaffungen aus, die Preissteigerungen unterworfen sind. Wir haben erhebliche Substanzverluste — zum Teil von mehr als einem Drittel — hinnehmen müssen. Die Bundeswehr hat damit eindeutig die Schmerzgrenze erreicht. Wer nun noch weiter in den Verteidigungshaushalt einschneidet — ohne konkrete Vorschläge, wie die Sozialdemokraten —, der nimmt der Bundeswehr die Chance, wenigstens ihren Kern modern zu erhalten und sich auf neue Prioritätsaufgaben vorzubereiten.

Ich bin überzeugt, daß dieser Beitrag, den die Bundeswehr leistet, der deutschen Einheit dient. Ein großer Teil dieses 50-Mrd-Etats, nämlich mehrere Mrd DM, wird eigentlich für die deutsche Einheit eingesetzt: Wir verlassen hervorragende Kasernen im Westen und gehen in den Osten. Wir verlassen Flugfelder im Westen und gehen in den Osten. Das sind Investitionen für Deutschland, für die deutsche Einheit. Auch das sollten Sie bei Ihrer Kritik berücksichtigen.

(Beifall bei der CDU/CSU und der F.D.P.)

Vizepräsidentin Renate Schmidt: Herr Minister, gestatten Sie eine Zwischenfrage des Kollegen Jungmann?

Volker Rühe, Bundesminister der Verteidigung: Gern.

Horst Jungmann (Wittmoldt-SPD): Herr Minister, ist Ihnen bekannt, daß Verteidigungsausgaben nach volkswirtschaftlichen Kriterien zu den konsumtiven und nicht zu den investiven Ausgaben gehören und daß damit den investiven Aufgaben im Bereich der industriellen Produktion Mittel entzogen werden?

Volker Rühe, Bundesminister der Verteidigung: Wir investieren sehr wohl im Osten. Wir tun eine ganze Menge für die deutsche Einheit, und darauf kann die Bundeswehr auch stolz sein.

(Beifall bei der CDU/CSU und der F.D.P.)

Aber die Konsequenzen dieses Etats müssen klar sein. Wir werden in den nächsten Jahren kaum neue Vorhaben realisieren können. Begonnene Projekte werden wir strecken oder verschieben müssen. Ich lasse auch den Verzicht auf bisher fest eingeplante Großprojekte prüfen.

Problematisch bleiben die Betriebsausgaben. Nachdem die Lohnrunde 1992 und unabweisbarer Mehrbedarf in einem Umfang von etwa drei Mrd DM zu erwirtschaften waren, haben wir auch hier die Grenze des Erträglichen erreicht. Vermutlich werden aus dem Engagement unseres Landes für humanitäre Leistungen im internationalen Kontext umfangreiche zusätzliche Lasten entstehen. Der Verteidigungshaushalt kann diese Lasten nicht tragen. Ich bin dankbar, daß wir zu einer Begrenzung gekommen sind.

Ich habe letzte Woche einen Besuch in Den Haag bei meinem niederländischen Kollegen gemacht: Wie Sie wissen, fliegen unsere Flugzeuge – die Transall – nach Somalia. Jeden Liter Kerosin, der dafür erforderlich ist, bezahlen wir aus dem Verteidigungshaushalt; auch die Flugzeuge werden von uns bezahlt. Der niederländische Kollege dagegen kriegt Zuschüsse für die Flugzeuge, die in der Dritten Welt eingesetzt werden, und zwar vom Entwicklungshilfeminister. Um der Klarheit und der Transparenz des Verteidigungshaushalts willen sollte man deutlich machen: Das sind Aufgaben, die über den eigentlichen Verteidigungsbereich hinausgehen.

(Beifall bei der CDU/CSU und der F.D.P.)

Die Bundeswehr braucht Planungssicherheit für ihren Weg in die Zukunft. Dazu gehören finanzielle Rahmenbedingungen, wie sie im 26. Finanzplan festgelegt worden sind. Ich bin froh, lieber Kollege Müller, über die Zustimmung des Parlaments zum Personalstrukturmodell 370 000. Damit haben wir für die Personalplanung der Streitkräfte eine hinreichend sichere Basis.

Ich muß aber auch dem Kollegen Thiele sagen: Es wäre unverantwortlich, die Zahl von 370 000 jetzt in Frage zu stellen. Wir brauchen Planungssicherheit. In den 90er Jahren sollen erst einmal die anderen Staaten in Europa beim Personalabbau so weit gehen, wie die deutsche Bundeswehr das getan hat. Dann können wir uns in der zweiten Hälfte der 90er Jahre darüber unterhalten, ob wir weitere Schritte machen können. Erst einmal müssen sich aber die anderen in diese Richtung bewegen.

(Beifall bei der CDU/CSU)

Wir haben tiefgreifende Veränderungen in der Bundeswehr. Damit sind Versetzungen und Umzüge von Soldaten in einem bisher nicht gekannten Ausmaß verbunden. Ich danke den Soldaten für ihre treue Pflichterfüllung, die sich auch in der Mobilität äußert. Wenn ich sehe, wie immobil wir alle miteinander sind, dann verdient ihre Mobilität große Anerkennung.

(Beifall bei der CDU/CSU und der F.D.P.)

Deutschland ist vereinigt. Die Bundeswehr ist eine Armee der Einheit. Heute wissen wir: Die Streitkräfte haben im Einigungsprozeß Vorbildliches geleistet. Diese großartige Leistung verlangt Lob und Anerkennung. Die Bundeswehr ist in vielen Bereichen der Gesellschaft voraus, was die deutsche Einheit angeht.

(Beifall bei der CDU/CSU und der F.D.P.)

Sie zeigt aber auch, über welch' innere Kraft und Moral die Bundeswehr verfügt. So können wir die Herausforderungen der Zukunft meistern.

Wenn jetzt über rechtsradikale Ausschreitungen von Soldaten der Bundeswehr berichtet wird, dann muß klar gesagt werden: Hierbei handelt es sich um eine geringe Zahl von Einzelfällen. Doch wir müssen diese Vorgänge ernst nehmen. Jeder Fall wird untersucht und vollständig aufgeklärt werden; die Disziplinar- und Strafverfahren laufen. Als Bundesminister der Verteidigung werde ich alles tun, damit das hohe Ansehen der Bundeswehr im In- und Ausland nicht durch Gewalttaten einzelner Angehöriger geschädigt wird.

(Beifall bei der CDU/CSU, der F.D.P. und der SPD sowie bei Abgeordneten des BÜNDNISSES 90/DIE GRÜNEN)

Für Rechtsradikale und Linksradikale ist in dieser Bundeswehr unseres freiheitlich-demokratischen Staates kein Platz. Ich bin dankbar, daß wir alle darin übereinstimmen.

(Beifall bei der CDU/CSU, der F.D.P. und der SPD sowie bei Abgeordneten des BÜNDNISSES 90/DIE GRÜNEN)

Ich möchte mich bei den Sprechern aller Fraktionen, also auch der Opposition, dafür bedanken, daß sie sich in einer konkreten Situation vor die Bundeswehr gestellt haben. Wir werden uns jedenfalls nicht mit gewaltsamen rechtsradikalen Ausschreitungen abfinden, weder von Angehörigen der Bundeswehr noch in der Gesellschaft insgesamt.

Am 15. Dezember werde ich, wie in der Debatte schon mehrfach angesprochen, Entscheidungen zur Anpassung der Bundeswehr treffen, die sich am notwendigen konzeptionellen Neuansatz der deutschen Sicherheitspolitik orientieren. Was bedeutet das für unsere Ausrüstungsplanung? Wir brauchen in Zukunft weniger und anderes Material. Wir müssen sowohl quantitativ als auch qualitativ umsteuern. Die großangelegte Aggression mit kurzer Vorwarnzeit ist nicht mehr Planungsgrundlage. Für die Streitkräfteplanung können wir eine militärisch begründete Vorwarnzeit von über einem Jahr zugrunde legen. Die Sicherheitslage erlaubt, daß wir den Krisenreaktionskräften planerische Priorität geben. Zugleich stärken wir damit die Schildkräfte für den Fall einer Mobilmachung.

Insgesamt ist die Bundeswehr für die reine Verteidigungsaufgabe modern ausgerüstet. Die Materialausstattung kann in den 90er Jahren im großen und ganzen so belassen werden. Rüstungspriorität haben die Krisenreaktionskräfte. Sie müssen mobil, weiträumig und flexibel einsetzbar sein. Hier bestehen noch Defizite, die schrittweise abgebaut werden müssen.

Eine leistungsfähige nationale wehrtechnische Industrie liegt im Interesse unseres Landes. Diese Basis muß jedoch sicherheitspolitisch begründet sein, und sie muß die neue Lage widerspiegeln. Sie ist auch Voraussetzung zur Rüstungskooperation und daher ein unverzichtbares Element der Bündnisfähigkeit Deutschlands.

Zugleich brauchen wir aber auch eine Bündelung der wehrtechnischen industriellen Fähigkeiten in Europa. Allen Staaten Europas geht es doch ähnlich. Drei Parameter sind unstreitig: Wir brauchen weniger Material; alle haben weniger Geld — das gilt wirklich für alle Länder in Europa; alle haben Überkapazitäten in der wehrtechnischen Industrie. In dieser Situation brauchen wir dringend eine europäische Schwerpunktbildung. Denn wir können uns mit Blick auf die nächsten zehn bis 15 Jahre nicht leisten, daß drei verschiedene Panzer, drei verschiedene Jagdflugzeuge, drei verschiedene U-Boote in Europa entwickelt werden. Wer das nicht begreift, der zerstört die industrielle Basis in Europa.

(Beifall bei der CDU/CSU und der F.D.P.)

Nun zum Sachstand Jagdflugzeug. Ich muß sagen, ich habe mich selten so gefreut, hier im Plenum sprechen zu können, weil es zu dieser Frage jede Menge Desinformationen gegeben hat, und das Faszinierende am Plenum des Deutschen Bundestages ist, daß wirklich jeder exakt verfolgen kann, was man sagt, und das genau festgehalten wird. Deswegen freue ich mich, jetzt hier einen Bericht geben zu können.

Ich möchte diese Problematik gern im Gesamtzusammenhang darstellen. Ich habe mich von Anfang an von der Logik eines klaren politisch-strategischen und ökonomischen Ansatzes leiten lassen. Das heißt: Die sicherheitspolitische Lage in und für Europa hat sich signifikant verändert und vor allem für uns Deutsche dramatisch verbessert. Eine grundlegend veränderte Lage verlangt eine neue Lagebeurteilung.

Aus dieser Lagebeurteilung sind die militärischen Anforderungen abzuleiten, die für ein europäisches Jagdflugzeug gelten sollen; wir brauchen ein anderes Flugzeug für eine andere Zeit — so habe ich es formuliert —, und wir wollen dafür möglichst eine europäische Lösung.

Diese neu abgeleiteten militärischen Anforderungen sind dann in Beziehung zu setzen zu einer angemessenen technischen Lösung. Angemessen heißt: zu vertretbaren Kostenobergrenzen. Dabei ist das bisherige Entwicklungsergebnis zu berücksichtigen — jedenfalls so weit es kompatibel mit den neuen militärischen Anforderungen ist. Schließlich ist die laufende Entwicklung alsbald umzusteuern in Richtung auf die neu definierten Forderungen — und dies unter Berücksichtigung des Zeitfaktors, der unseren Bedarf bestimmt.

Wie ist der Stand der internationalen Verhandlungen? Ich habe diesen Ansatz, den ich soeben noch einmal geschildert habe, bei unseren Partnern auf der Ebene der Verteidigungsminister und der Regierungschefs beharrlich vertreten. Dabei hat es zur Logik dieses Ansatzes keinen Widerspruch gegeben. Im Gegenteil: Es gab wachsende Zustimmung.

Wo stehen wir konkret? Die Anfang August in Madrid von den vier Verteidigungsministern angeforderte neue Lagebeurteilung mit entsprechenden Schlußfolgerungen für die militärischen Anforderungen an ein Jagdflugzeug ist am 20. November in Rom von den Generalstabschefs schlußberaten worden; das Ergebnis wird nun den Ministern vorgelegt. Hier zeichnet sich — es soll sich nachher niemand beschweren, er habe keine präzise Auskunft bekommen — folgendes ab: Konsens in der Lagebeurteilung.

Wir haben erstens Konsens in der Lagebeurteilung und des operativen Umfelds für ein neues Jagdflugzeug, zweitens Konsens in der konzeptionellen Linie für die künftigen Bedürfnisse der Luftverteidigung in einer neuen sicherheitspolitischen Lage und drittens Konsens in der Beurteilung der grundsätzlichen Möglichkeit, die qualitativen Merkmale des Jagdflugzeugs kostensparend zu reduzieren. Es herrscht Einigkeit über die wesentlichen Bestimmungsmerkmale. Allerdings gibt es ein Spektrum von Einzelmerkmalen, die für die beteiligten Nationen unterschiedlich sind. Es gilt zu prüfen, ob auch dafür noch weitere Harmonisierung möglich oder notwendig ist.

Die Studie der Generalstabschefs ist nun in Beziehung zu setzen zur Industriestudie, die auch Anfang August in Madrid in Auftrag gegeben war, um technische Alternativen zu untersuchen. Diese Studie liegt vor und sagt schon jetzt, daß Lösungen möglich sind, die der Preisvorgabe 90 Mio DM nahekommen. Da die Industriestudie rein technisch angelegt ist — es werden exakte Vergleichsmaßstäbe gewählt; wer glaubt, er könne mit Tricks durchkommen, etwa dem, daß er die Mehrwertsteuer einmal hineinrechnet und einmal nicht, der schätzt mich und Sie falsch ein; es werden exakt dieselben Anforderungen gestellt —, muß sie nun den neu definierten militärischen Anforderungen angepaßt werden.

Die Reduzierung qualitativer Anforderungen wird Kostensenkungen möglich machen; denn der Verzicht auf Forderungen wie die nach der Zahl gleichzeitig zu bekämpfender Ziele, langanhaltender Verfolgungsfähigkeit mit Höchstgeschwindigkeit, nuklearer Härtung, extrem kurzer Start- und Landefähigkeit, die Bestandteil der Konzeption des Jägers 90 waren, und weitere Merkmale hat natürlich kostensparende Auswirkungen auf Elektronik, Avionik und Triebwerk eines Flugzeugs. Als Zwischenfazit läßt sich danach viererlei festhalten:

Erstens: Wir werden ein qualitativ grundlegend anderes Anforderungsprofil für ein europäisches Jagdflugzeug verfolgen.

Zweitens: Falls dieses Flugzeug entsteht, wird es also ein anderes Flugzeug für eine andere Zeit sein.

Drittens: Schon jetzt besteht die berechtigte Erwartung, eine dramatische Kostenverringerung des Projekts in der Größenordnung von 45 Mio DM pro Flugzeug zu erreichen.

Viertens: Die in der Entwicklung noch verfügbaren Mittel müssen nun einvernehmlich in Richtung des neu definierten Projekts umgesteuert werden. Da wir zur Zeit andere Haushaltsprioritäten haben und das Flugzeug erst in rund zehn Jahren brauchen, kann die Entwicklung verlangsamt werden.

Ich möchte dem Kollegen Thiele ausdrücklich zustimmen, daß es überhaupt keine Bedrängnis gibt, hier etwas zu entscheiden. Deswegen ist der Antrag der Sozialdemokraten auch völlig unsinnig, eine Beschaffung jetzt abzulehnen. Das steht überhaupt nicht zur Diskussion.

(Beifall bei der CDU/CSU)

Wir brauchen erst nach einer Verlangsamung und Umorientierung der Entwicklung in einigen Jahren zu entscheiden, ob dieses Flugzeug gebaut und angeschafft wird. Das wird von vielen durcheinandergebracht. Hier geht es um die Entwicklung, und ich werde gleich etwas dazu sagen, wie wir in diese Entwicklung eingebunden sind.

Wir haben die Entwicklung des Jägers 90 unter anderen Randbedingungen mit Zustimmung des Parlaments begonnen und dazu Verträge mit den

Regierungen unserer Partnerländer und der Industrie geschlossen. Niemand hindert uns heute daran, diese Verträge neu zu fassen, wenn alle Beteiligten dies wirklich wollen. Und ich meine, daß dies für unsere Partner und die Industrie zutrifft.

Jetzt etwas zu der Vertragssituation: Erstens: Es gibt einen Entwicklungsvertrag zwischen den vier Partnern, aus dem ein Partner nur nach dreimonatigen Konsultationen und anschließender sechsmonatiger Kündigungsfrist aussteigen kann. Falls gekündigt wird, werden Know-how und Arbeitsleistung auf die im Projekt verbleibenden Partner transferiert. Daraus ergibt sich: Wir müssen alle Anstrengungen unternehmen, um gemeinsam zu einer Umsteuerung in Richtung eines neuen Flugzeugs zu kommen.

Zweitens: Die Entwicklungsarbeiten werden für die Partner durch eine internationale Behörde gemanagt — die NEFMA. Die Verträge mit der deutschen Industrie zum Preisstand 12/87 decken mit einem Volumen von 5,85 Mrd DM den gesamten deutschen Projektanteil in ihrem Verpflichtungscharakter ab.

Drittens: Der deutsche Industrie-Anteil unterliegt Vereinbarungen zur Einhaltung der Kostenobergrenze in der Entwicklungsphase, die auf Druck des Parlaments zwischen dem Verteidigungsministerium und den Firmen MBB und MTU geschlossen wurden. Die Preissteigerungsrate für die Fortschreibung der Kostenobergrenze wird damit jährlich auf maximal 3,5 Prozent begrenzt.

Ich lasse prüfen, ob diese Vereinbarungen sachgerecht eingehalten worden sind — dies unter Einbeziehung externen Sachverstandes. Ziel dieser Prüfung ist es, auf der Basis eines genauen Finanzstatuts Vorstellungen für ein effizientes Kostenmanagement in der Zukunft zu entwickeln. Ich habe deshalb auch angeordnet, daß in der Rüstungsabteilung ein zentrales Controlling eingerichtet wird.

(Beifall bei der F.D.P. — Zuruf von der F.D.P.: Endlich!)

Neben den Prüfaufträgen und den organisatorischen Änderungen ist es mein zentrales Anliegen zu gewährleisten, daß keine Forderungen der

Industrie entstehen können, die nicht durch den vom Parlament gebilligten Haushalt abgedeckt sind.

Jetzt lassen Sie mich noch etwas zu dem heute viel diskutierten Thema neuer internationaler Einsätze deutscher Soldaten sagen. Da Herr Klose die Frage gestellt hat, ob die anderen uns wirklich wollen und ob wir uns nicht aufdrängen, wenn wir hier in Deutschland solche Beschlüsse fassen, darf ich den Kollegen von der SPD von einem Beschluß Kenntnis geben, der in Dänemark – in unserem freundlichen, von mir übrigens geschätzten Nachbarland im Norden – vor ganz kurzer Zeit gefaßt wurde. Es wurde von der Sozialdemokratischen Partei, der Konservativen Partei, der Liberalen Partei, praktisch von allen Parteien des dänischen Parlaments, eine Vereinbarung über die Verteidigungspolitik der nächsten beiden Jahre unterschrieben. Darin heißt es – ich übersetze aus dem Englischen, ich hoffe, korrekt:

Eine neue internationale Einheit von ungefähr 4 500 Soldaten wird eingerichtet und ausgebildet. Diese Einheit soll mit kurzer Warnzeit eingesetzt werden für friedenserhaltende Maßnahmen – peace keeping – und friedensschaffende, also Kampfmaßnahmen – peace making –, für humanitäre Zwecke und ähnliche Operationen unter dem Dach der UN und der KSZE.

Wenn ein Land wie Dänemark eine Einheit von 4 500 Soldaten aufstellt und auch sieht, daß man eben nicht fein säuberlich zwischen »friedenserhaltend« und »friedensschaffend« unterscheiden kann, dann ist doch klar, daß wir die Verfassung nicht einseitig ändern können, sondern daß wir eine umfassende Veränderung brauchen, damit sichergestellt ist, daß unsere Soldaten so wie die dänischen Soldaten eingesetzt werden können.

(Beifall der CDU/CSU)

Und ich frage hier noch einmal den Deutschen Bundestag – ich habe das vor einiger Zeit im Hinblick auf Frankreich gemacht: Wer in diesem Hause kann begründen – und angesichts der Tatsache, daß mehrere Hunderte von dänischen Soldaten in Jugoslawien und anderswo sind –, daß ein 19jähriger dänischer Soldat ein größeres Risiko für die Sicherheit Europas trägt als ein 19jähriger deutscher Soldat? Ich kann das nicht begründen!

(Beifall bei der CDU/CSU und der F.D.P.)

Vizepräsidentin Renate Schmidt: Herr Minister, Herr Kollege Voigt hat den Wunsch nach einer Zwischenfrage.

Volker Rühe, Bundesminister der Verteidigung: Der Wunsch wird erfüllt.

Karsten D. Voigt (Frankfurt-SPD): Kollege Rühe, da ich das Vergnügen habe, die dänischen Zeitungen relativ regelmäßig zu lesen: Nehmen Sie auch zur Kenntnis, daß die Entschließung des dänischen Parlaments gleichbedeutend ist mit einer Absage an Out-of-area-Einsätze der Westeuropäischen Union? Und wenn Sie das dänische Parlament und seine Entscheidung in dieser Beziehung so sehr loben, dann frage ich Sie, ob Sie gleichermaßen der Meinung sind, daß Kampfeinsätze oder Friedenseinsätze nur noch unter Kommandokontrolle der Vereinten Nationen stattfinden sollten; denn genau darauf zielt dieser dänische Vorgang. Und wenn Sie allein dies wollen und Ihre bisherige Position in Bezug auf die WEU revidieren, dann bin ich bereit, mit Ihnen auch über die anderen Dinge zu reden.

Volker Rühe, Bundesminister der Verteidigung: Herr Kollege Voigt, wir haben ja vor wenigen Tagen neue Staaten in die WEU aufgenommen. Dänemark ist dort nach wie vor nur Beobachter. Das erklärt die Situation. Ich habe immer gesagt, daß Einsätze der WEU — aber auch des Euro-Korps — etwa auf der Grundlage der Charta der Vereinten Nationen vorgenommen werden müssen. Das ist eine solide Grundlage.

Ich bleibe dabei, die Dänen stellen Streitkräfte auf, die den Frieden erhalten und notfalls auch den Frieden schaffen sollen. Alles spricht dafür — und das wäre der Königsweg —, auch in Deutschland eine verfassungsrechtliche, verfassungspolitische Klarstellung vorzunehmen, um — ähnlich wie Dänemark — Streitkräfte in diesem Rahmen einsetzen zu können.

(Beifall bei der CDU/CSU und der F.D.P.)

Wie ist unsere Situation? Das möchte ich gern noch darstellen; denn der Verteidigungsminister kann ja keine philosophische Debatte führen. Das Schiff, das in der Adria fährt, ist keine philosophische Veranstaltung, sondern es braucht konkrete Weisungen und Befehle. Wir sind in einer internationalen Krisensituation, die ständig neue Entscheidungen von uns verlangt hat, und – das sage ich Ihnen heute schon voraus – das wird auch in Zukunft so sein. In dieser Situation ist es notwendig, daß Deutschland seine Handlungsfähigkeit herstellt. Deswegen muß die Selbstblockade überwunden werden, zu der wir es gebracht haben. Wir müssen handlungsfähig werden!

(Beifall bei der CDU/CSU und der F.D.P.)

Das zweite: Der Einsatz unserer Soldaten muß politisch und rechtlich zweifelsfrei gesichert sein. Deswegen weise ich all das zurück, was hier zum Teil über meine Vorschläge gesagt worden ist.

Herr Kollege Voigt, was Sie gesagt haben, will ich eben nicht machen. Sie haben gesagt: Entweder ist man der Meinung, das Grundgesetz gibt das nicht her, oder man ist der Meinung, es gibt das her. Ich will Soldaten nicht als Versuchskaninchen einsetzen, indem ich Einsätze einfach befehle, so nach dem Motto: Dann soll doch das Verfassungsgericht feststellen, ob das Rechtens war oder nicht.

(Beifall bei der CDU/CSU und der F.D.P.)

Das können wir gegenüber unseren Soldaten nicht verantworten. Die brauchen für ihre Einsätze eine klare rechtliche und politische Grundlage.

(Beifall bei der CDU/CSU und der F.D.P.)

In diesem Zusammenhang habe ich gefragt: Wie wollen Sie, wenn es nicht gelingt, zu einer verfassungspolitischen Klarstellung zu kommen, die Blockade aufbrechen? Da könnte ein Gesetz ein Weg sein, aber nicht, um Soldaten gleich einzusetzen – das weise ich zurück –, sondern um hier zu einer Klärung vor dem Verfassungsgericht zu kommen. Das ist für mich die oberste Richtschnur. Wir brauchen eine klare rechtliche und politische

Grundlage für die Soldaten. Ich bleibe auch dabei: Die Soldaten brauchen möglichst die Unterstützung des ganzen Deutschen Bundestages für diese schwierigen neuen Einsätze.

(Beifall bei der CDU/CSU und der F.D.P.)

Das ist die Verantwortung, der Sie sich als sozialdemokratische Fraktion in diesem Hause stellen müssen. Wir müssen die Handlungsunfähigkeit Deutschlands überwinden, und wir müssen den Soldaten eine klare rechtliche Basis geben. Das schulden wir den Soldaten, das schulden wir auch der internationalen Rolle Deutschlands. Deshalb müssen wir diese Selbstblockade jetzt möglichst schnell gemeinsam auflösen und die Grundlagen für solche Einsätze Schulter an Schulter mit unseren europäischen Nachbarstaaten schaffen.

Vielen Dank.

(Beifall bei der CDU/CSU und der F.D.P.)

1

2

3

4

5

6

7

8

9

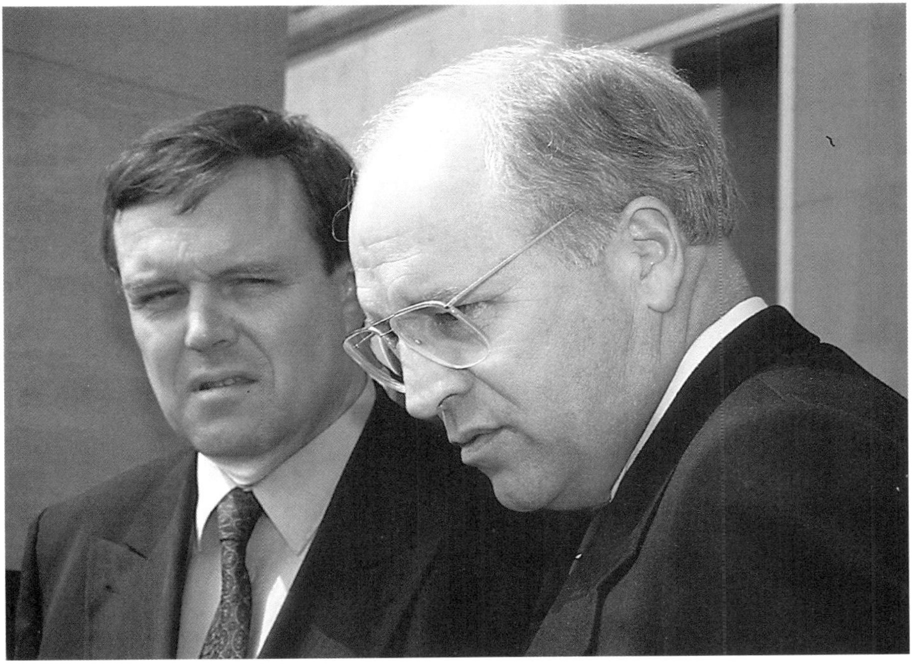

10

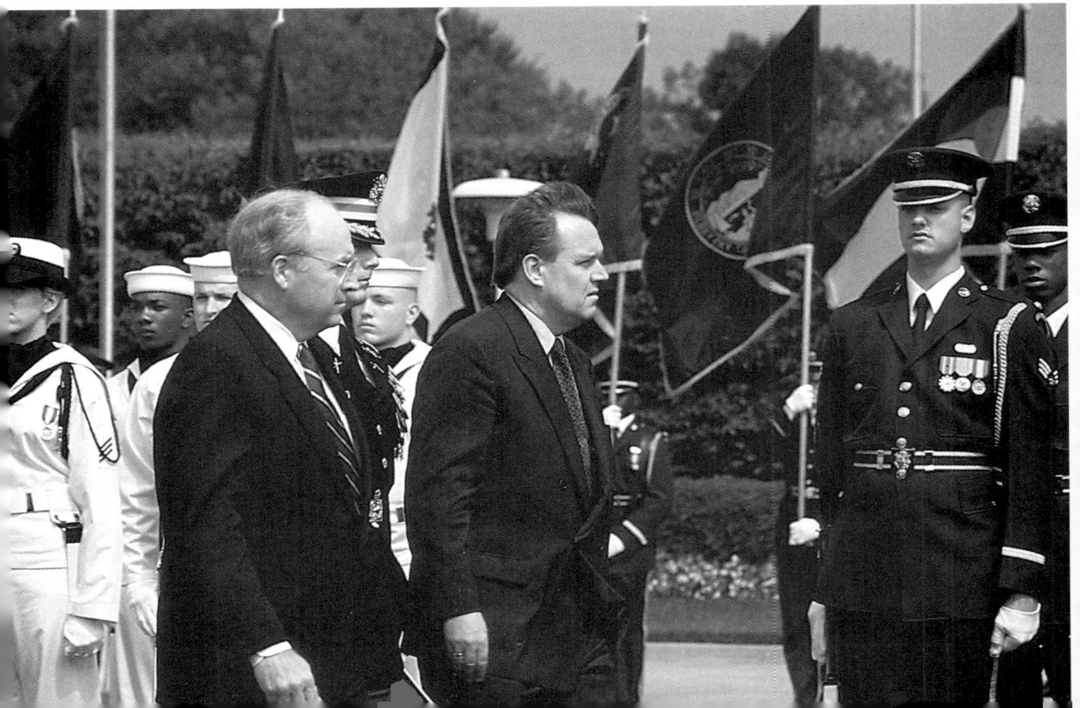

Zu den Abbildungen:

Abb. 1, 2, 3, 5, 6 und 11: *Der Bundesminister der Verteidigung, Volker Rühe, bei der Truppe.*

Abb. 4: *Volker Rühe im Deutschen Bundestag.*

Abb. 7: *Mit seinem britischen Kollegen Malcolm Rifkind.*

Abb. 8: *Mit dem ehemaligen amerikanischen Außenminister James Baker.*

Abb. 9 und 10: *Mit dem ehemaligen amerikanischen Außenminister Dick Cheney.*

11

Grundzüge eines neuen rüstungspolitischen Konzepts

Vortrag auf dem »Politischen Abend« des Bundesverbandes der Deutschen Industrie e.V. (BDI) am 30. November 1992 in Köln.

»Wir brauchen in Zukunft weniger und anderes Material.«

I.

Die Teilung des Kontinents ist überwunden. Die politische Vision des einen und freien Europas ist greifbar.

Deutschland hat von diesem Epochenbruch am meisten profitiert. Wir haben unsere Einheit in Frieden und Freiheit gewonnen. Die Gefahr eines großen, alles zerstörenden Krieges im Herzen Europas ist gebannt.

Wir haben jetzt die historische Chance, Sicherheit, Stabilität, wirtschaftliche Prosperität und sozialen Fortschritt in ganz Europa voranzubringen.

II.

Gleichzeitig beobachten wir aber eine schwer beherrschbare Vielfalt von Krisen und Konflikten — regional und global. Nach der Implosion der »realsozialistischen« Systeme in Europa und der Unterzeichnung der Charta von Paris 1990 hat es mehr Tote, mehr Flüchtlinge und Vertriebene gegeben als in den 40 Jahren zuvor. Ethnisch und religiös begründeter, zerstörerischer Nationalismus erfaßt Teile unseres Kontinents. Krieg und Bürgerkrieg sind dort wieder Mittel der Politik geworden.

An den Rändern Europas, in der südöstlichen Krisenregion Balkan-Kaukasus-Naher Osten, vor der südlichen europäischen Haustür und in der Dritten Welt öffnet sich ein weites Spektrum risikobehafteter Entwicklungen: Bevölkerungsexplosion, desolate ökologische Bedingungen und Überrüstung bei wirtschaftlicher Unterentwicklung ergeben eine unübersichtliche, gefährliche Gemengelage. Große Wanderungs- und Flüchtlingsbewegungen und weltweit schwer einzuhegende Proliferation von Waffen und Rüstungstechnologie verschärfen die Situation.

Eines ist daher klar: Deutsche und europäische Sicherheitspolitik muß über die Grenzen des Kontinents hinaussehen – sie hat globalen Bezug. Wir müssen Sicherheitspolitik als ganzheitliche Risikovorsorge, als erweiterte Schutzfunktion verstehen.

Wirtschaftliche und technologische Herausforderungen gewinnen dabei in der Lageanalyse noch mehr an Bedeutung. Die nordamerikanische Freihandelszone, die wirtschaftliche Dynamik des pazifischen Raumes, die notwendige Revitalisierung der traditionellen Märkte und Ressourcen in Osteuropa und die großen Entwicklungsaufgaben in der Dritten Welt sind wesentliche Bestimmungsgrößen der Sicherheitspolitik. Unsere Sicherheit und Zukunft hängen entscheidend mit davon ab, ob wir im Wettbewerb mit hochindustrialisierten Staaten und Konkurrenten von morgen Schritt halten können. Eine hochentwickelte Industrie auch im Rüstungsbereich ist ein Eckpfeiler unserer Kooperations- und Bündnisfähigkeit.

III.

Die künftigen Herausforderungen erfordern eine grundlegende sicherheitspolitische Neuorientierung. Wir brauchen einen breitangelegten sicherheitspolitischen Ansatz, der politische, wirtschaftliche und soziale Aspekte mit der unverzichtbaren Verteidigungsfähigkeit zu einer flexiblen Einheit zusammenfügt. Dialog und Kooperation, Prävention und Beherrschung von Krisen, nicht mehr die Abwehr einer großangelegten Aggression, stehen dabei im Mittelpunkt.

Kein Staat kann diese Herausforderungen allein meistern. Sicherheit, Risikovorsorge und Fortschritt gibt es nur noch gemeinsam und kooperativ. Das zusammenwachsende Europa muß seine Kräfte bündeln – politisch, ökonomisch und strategisch. Die Europäische Gemeinschaft kann sich dabei nicht darauf beschränken, die interne Perfektionierung voranzutreiben. Wichtig ist vielmehr jetzt, unsere Nachbarn im Osten in den europäischen Prozeß einzubeziehen. Deutschland allein ist überfordert:

Wir können nicht Schutzriegel gegen Wanderungsbewegungen sein und auch noch die Rechnung für den Aufbau Osteuropas begleichen. Die ganze Europäische Gemeinschaft ist gefordert.

Wir brauchen außerdem ein globales Wirtschaftssystem, das Schranken überwindet, Abschottung vorbeugt und freien Wettbewerb fördert. Die Uruguay-Runde muß endlich und schnell Erfolg haben. Nur so schaffen wir die Voraussetzungen für die Stabilisierung des Wandels in Mittel- und Osteuropa und einen partnerschaftlichen wirtschaftlichen Wettbewerb zwischen Nordamerika, Europa und dem pazifischen Raum. Dann können wir die Kräfte dieses »strategischen Dreiecks« zur Lösung der globalen Herausforderungen nutzen.

IV.

Auftrag, Konzeption und Struktur der Bundeswehr müssen auf die neuen Rahmenbedingungen ausgerichtet werden. Das ist eine gestalterische Aufgabe, für die wenig Mittel bereitstehen. Denn die innere Vollendung der deutschen Einheit ist die alles überragende gesamtstaatliche Schwerpunktaufgabe. Alle Politikfelder haben sich ihr unterzuordnen.

Der Sparbeitrag der Streitkräfte wird daher den Verteidigungshaushalt langfristig begrenzen. Der investive Anteil sinkt um ein Drittel. Damit werden die Investitionen unter 20 Prozent des Verteidigungsetats liegen. Vor diesem Hintergrund ist Gestaltungsspielraum nur im Gesamtsystem der Verteidigung und Rüstung und unter der Devise »Sparen und Gestalten« zu gewinnen. Mein Ziel heißt, Sicherheit und Einsparungen kompatibel zu machen.

Hauptaufgabe unserer Bundeswehr bleibt die Verteidigung Deutschlands. Landesverteidigung heißt heute aber auch Bündnisverteidigung. Dafür bauen wir Krisenreaktionskräfte als rasch und flexibel einsetzbares Instrument der Politik auf. Ein Teil von ihnen wird zu humanitären und Friedensmissionen im Einklang mit der Charta der Vereinten Nationen befähigt. Das Anforderungsprofil der Bundeswehr wird also breiter. Das verbesserte sicherheitspolitische Umfeld aber erlaubt es, unseren Streitkräften insgesamt stärker den Charakter einer Mobilmachungsarmee zu geben und ihre Präsenz deutlich abzustufen.

Am 15. Dezember werde ich für die Fortführung des Anpassungsprozesses weitreichende Planungsentscheidungen treffen. Dafür habe ich klare Prioritäten gesetzt. Vorrang für Investitionen erhalten die Krisenreaktionskräfte. Im Spannungsfeld zwischen begrenzten Investitionen und Betriebsmitteln müssen die Mittel für Ausbildung Vorrang haben. Ebenso hohen Stellenwert haben Anstrengungen zur Verbesserung der Lebensbedingungen unserer Soldaten, besonders im Osten Deutschlands. Deshalb wurden für 1993 keine großen Materialbeschaffungen eingeleitet und entsprechende Mittel umgeschichtet.

V.

Die grundlegend veränderten Rahmenbedingungen erfordern einen konzeptionellen Neuansatz der deutschen Sicherheitspolitik. Der Neuansatz wird bestimmt

o durch den breitangelegten, sehr politisch geprägten Sicherheitsbegriff,
o durch den erfolgreichen Rüstungskontrollprozeß,
o durch Priorität von Krisenvorsorge und Krisenbeherrschung im erweiterten geographischen Umfeld,
o durch den notwendigen Umbau der Streitkräfte,
o durch den Zwang zu Kooperation und Integration Europas und
o durch die langfristige, einschneidende Begrenzung der Ressourcen.

Dies sind exakt auch die Kriterien eines neuen rüstungswirtschaftlichen und rüstungstechnologischen Konzepts. Dafür werden wir an bekannten und bewährten Ideen festhalten, aber auch neue Ansätze finden müssen. Dazu möchte ich erste Überlegungen skizzieren:

Erstens: Wir brauchen in Zukunft weniger und anderes Material. Wir müssen sowohl quantitativ als auch qualitativ umsteuern. Die Ausrüstung der Streitkräfte ist funktional zu differenzieren und anzupassen. Die großangelegte Aggression ist nicht mehr Planungsgrundlage.

Das entläßt uns einerseits aus dem Zwang, Waffensysteme immer duell-bezogen zu optimieren. Das enthebt uns andererseits der Notwendigkeit, quantitativ überlegene gegnerische Potentiale vor allem durch hochwer-tige und teure Spitzentechnologie auszubalancieren. Nicht die Spitzenlei-stung des einzelnen Waffensystems steht künftig im Vordergrund. Vorrang hat die Auftragserfüllung auf breiter Basis im Systemverbund. Dazu brau-chen wir in ausgewählten Bereichen aber auch Spitzentechnologie als »Force Multipliers«.

Zweitens: Der hohe Stellenwert der Krisenreaktionsfähigkeit bestimmt die Schlüsselkriterien der Rüstung: Flexibilität, Mobilität und die Fähigkeit zur Multinationalität.

Die Ausrüstung muß insgesamt so ausgelegt sein, daß sie trotz unspezi-fischer Bedrohungsszenarien später an den jeweils konkreten Bedarf ange-paßt werden kann. Vorrang haben daher Lösungen mit flexiblem Anpas-sungs- und Entwicklungspotential. Das Ausrüstungsspektrum wird insge-samt nicht schmaler, sondern eher noch breiter.

Drittens: Insgesamt ist die Bundeswehr für die reine Verteidigungsauf-gabe modern ausgerüstet. Die Materialausstattung der Hauptverteidi-gungskräfte kann in den 90er Jahren daher im großen und ganzen so belassen werden. Rüstungspriorität haben die Krisenreaktionskräfte. Sie müssen mobil, weiträumig und flexibel einsetzbar sein. Hier bestehen ein-deutige Defizite, die schrittweise abgebaut werden müssen. Das sind:

o Führungs- und Aufklärungsfähigkeit, auch großräumig und über die Grenzen hinaus;
o Transportfähigkeit zur Verlegung von Krisenreaktionskräften;
o uneingeschränkte logistische und sanitätsdienstliche Versorgungsfä-higkeit für Einsätze in allen Regionen des Bündnisses.

Der größte Umsteuerungsbedarf besteht beim Heer. Er muß im Gesamt-rahmen der Bundeswehr finanziert werden. Die Krisenreaktionskräfte sol-len paketweise entstehen. Von besonderer Dringlichkeit sind die Aufstel-lung und Ausstattung der Teile, die für humanitäre Einsätze und Blau-helm-Missionen vorzusehen sind.

Viertens: Eine leistungsfähige nationale wehrtechnische Industrie liegt im Interesse unseres Landes. Diese Basis muß sicherheitspolitisch begründet sein. Sie verhindert auch Abhängigkeiten auf dem Rüstungssektor, wo sie politisch bedenklich sind, und fördert sie, wo sie politisch erwünscht sind. Sie ist Voraussetzung zur Rüstungskooperation und daher ein unverzichtbares Element der Bündnisfähigkeit Deutschlands.

Wehrtechnische Kapazitäten sind auch volkswirtschaftlich sinnvoll, damit die Ausgaben für die Ausrüstung der eigenen Streitkräfte nicht nur fremden Volkswirtschaften zugute kommen. Wo Rüstungstechnologie Spillover-Effekte hat, stärkt sie die Konkurrenzfähigkeit im globalen Wettbewerb.

Fünftens: Wir brauchen aber auch eine Bündelung der wehrtechnischen industriellen Fähigkeiten in Europa. Allen Staaten Europas geht es ähnlich. Drei Parameter sind unstrittig: Alle brauchen weniger Material; alle haben weniger Geld; alle haben Überkapazitäten in der wehrtechnischen Industrie. In dieser Situation brauchen wir dringend eine europäische Schwerpunktbildung.

Ich bin überzeugt: Europa kann sich die Konkurrenz mehrerer Waffensysteme der nächsten Generation einfach nicht mehr leisten. Die Ressourcen werden für dringende politische Gestaltungsaufgaben benötigt. Eine »Universalarmee« und Rüstungsautarkie sind weder sinnvoll noch möglich. Kooperation und Integration gewinnen auch für die Rüstungswirtschaft überragende Bedeutung.

Wir müssen uns Gestaltungsspielraum schaffen für die Ausgewogenheit von Verteidigung und Rüstung im Gesamtsystem, national, im Bündnis, vor allem aber in Europa. Wir brauchen sowohl mehr gemeinsame Aufgabenwahrnehmung als auch Aufgabenteilung.

Der europäische und transatlantische Markt ist groß genug für sinnvolle Stückzahlen und wirtschaftliche Produktion. Hier liegt — am Vorabend des Europäischen Binnenmarktes — eine Chance für enge Zusammenarbeit. Ziel ist eine europäische Rüstungsbasis. Die Hürden durch vielfältige nationale Interessen sind mir bewußt. Dennoch darf nichts ungeprüft bleiben, auch wenn es in der Vergangenheit unter völlig anderen Bedingungen verworfen wurde.

Sechstens: Eine neugestaltete europäische Rüstungskooperation könnte auch die notwendige Harmonisierung der nationalen Rüstungsexportbestimmungen wesentlich erleichtern. Sie gewinnt mit Blick auf den Europäischen Binnenmarkt besondere Bedeutung. Deutschland hat Maßstäbe gesetzt. Wir sollten weiter grundsätzlich restriktiv vorgehen. Wir brauchen aber Spielraum für Kompromißlösungen bei Kooperationsprogrammen. Maßgebend bleibt der Einzelfall, der jeweils im Lichte außenpolitischer Bedingungen zu entscheiden ist.

Siebtens: Die Industrie wird sich qualitativ und quantitativ den neuen Anforderungen anpassen müssen.

Das Planungsdenken in Nachfolgemodellen gehört der Vergangenheit an. Voraussehbare langfristige Kapazitätenauslastung durch die Streitkräfte wird es kaum mehr geben. Die Bundeswehr betreibt keine Wirtschafts- und Strukturpolitik und trägt nur in begrenztem Maße zur Industriepolitik bei. Materielle Förderprogramme oder gar Subventionen sind nicht möglich.

Achtens: Das neue rüstungspolitische Konzept wird den Besonderheiten des wehrtechnischen Marktes Rechnung tragen, wo es geht.

Auftragsmonopol des Staates, Bindung von Kapazitäten bei geringer Auslastung, hohe Qualität der Produkte bei geringen Stückzahlen und jährliche Haushaltsmittelzuweisung erfordern frühzeitige Abstimmung zwischen Politik und Wirtschaft. Die Industrie hat Anspruch darauf, daß die Streitkräfte ihren Ausrüstungsbedarf mit einer ausreichenden Perspektive definieren und umfassend und rasch darüber informieren. Dies ist Voraussetzung für den nötigen Strukturwandel in der wehrtechnischen Industrie.

Dieser Prozeß kann auch durch Maßnahmen der Bundeswehr abgefedert werden. Beispielsweise könnten wir uns bei Wartung und Instandsetzung künftig sehr viel stärker auf zivile Kapazitäten und industrielle Fähigkeiten abstützen.

VI.

Der rüstungspolitische Neuansatz erfolgt unter gesamtwirtschaftlich schwierigen Rahmenbedingungen. Daher brauchen wir jetzt eine Gesamtplanung aus einem Guß. Dazu stehen alle bisherigen Planungen auf dem Prüfstand. Nichts darf Bestand haben, was den geänderten Erfordernissen nicht zwingend entspricht.

Es gibt keine einfachen Patentlösungen. Wir brauchen eine offene Diskussion zwischen Politik und Wirtschaft und dürfen den Konsequenzen nicht ausweichen. Wir sollten aber den Weg gemeinsam gehen. Ich bin sicher, daß die deutschen Unternehmer die strategisch richtigen Entscheidungen treffen. Was ich jetzt leisten kann und anbiete – das ist das Gespräch und viel Transparenz über den künftigen Kurs, also auch ein Stück Planungssicherheit für die Industrie.

Eine neue Konzeption
für die deutsche Sicherheitspolitik
und die Bundeswehr

Rede an der Führungsakademie der Bundeswehr am 16. Dezember 1992 in Hamburg.

»Wir brauchen vor allem ein neues Denken.«

I.

Gestern habe ich grundlegende Entscheidungen über die Zukunft der Bundeswehr getroffen. Die politische Revolution in Deutschland und Europa muß auch zu einem Neuanfang in den Streitkräften führen. Im Vergleich zur Bundeswehr der Ära des Kalten Krieges entsteht eine grundlegend veränderte Bundeswehr. Für die Neugestaltung haben wir ein kohärentes und stimmiges Gesamtkonzept.

Es reflektiert die fundamental veränderte Sicherheitslage und die damit einhergehende Verschiebung der Aufgaben für unsere Bundeswehr. Es fügt sich ein in die übergeordneten Prioritäten des Einheitsprozesses unseres Landes. Es setzt nach Maßgabe der konzeptionellen Ziele und des langfristigen Ressourcenrahmens klare Schwerpunkte für neue Aufgaben. Das drückt sich in einer entsprechenden Zuordnung der Mittel aus.

Deutschland steht vor großen Herausforderungen — Herausforderungen an seine demokratische Stabilität, an seine wirtschaftliche Kraft, an seine internationale Verantwortungsbereitschaft und seine politische Glaubwürdigkeit.

Das gesamte internationale System ist im Umbruch. In Europa und weltweit haben sich Geometrie und Gravitationszentren dieses Systems verschoben — in politischer, ökonomischer und strategischer Hinsicht. Deutschland muß sich zusammen mit seinen Verbündeten und Partnern in der Völkergemeinschaft den daraus erwachsenden neuen Aufgaben stellen.

Die Werte unserer Verfassung und die vitalen Sicherheitsinteressen unseres Landes sind dafür gleichermaßen Leitlinie und Maßstab. Das Grundgesetz verpflichtet uns, in einem vereinten Europa dem Frieden der Welt zu dienen. Deutschland ist kontinentale Mittelmacht und exportabhängige Industrienation. Wir können unsere Interessen nur durchsetzen, Einfluß auf internationale Strukturen nur ausüben und unsere Stabilität nur wahren, wenn wir handlungsfähig und bündnisfähig bleiben.

Das erfordert solidarisches Verhalten, in Europa und weltweit. Solidarität heißt: Politisches Verantwortungsbewußtsein und Wille zum gleichen Risiko. Das endet nicht bei friedenserhaltenden Einsätzen. Es sind leicht krisenträchtige Entwicklungen vorstellbar, die ohne den Willen und die Fähigkeit zum friedensdurchsetzenden Engagement nicht beherrschbar sein werden. Der Balkan und Somalia zeigen: Die Grenzen zwischen Blauhelm-Mission und Kampfeinsatz sind fließend. Es ist ein Gebot der Redlichkeit, Vernunft und von verantwortlicher Fürsorge für die Soldaten, das zu erkennen und daraus politische Konsequenzen zu ziehen.

Die augenblickliche Selbstblockade schadet unserem Land. Sie untergräbt das Vertrauen in die Zuverlässigkeit als solidarischer Partner, im Innern wie nach außen. Sie hat schädliche Auswirkungen auf die Akzeptanz unserer Sicherheitspolitik — in der Bevölkerung und in der Bundeswehr. Der politische Konflikt über den Einsatz der Bundeswehr darf nicht auf dem Rücken der Soldaten ausgetragen werden. Sie haben ein Recht auf Klarheit und breiteste Unterstützung in Parlament und Volk.

Der Anfang ist gemacht: Unsere Sanitäter in Kambodscha, unsere Heeresflieger zur Unterstützung der Vereinten Nationen im Irak, unsere Transportflieger in Sarajewo und Somalia — das sind die Regionen der Welt, in denen Deutschland seine internationale Solidarität bereits unter Beweis stellt. Aber wir können und müssen mehr tun. Die Bundeswehr muß auf Dauer in der Lage sein, sich auch an friedensschaffenden Einsätzen zu beteiligen, wenn die Vereinten Nationen dazu aufrufen.

II.

Wir legen heute das Fundament für den außen- und sicherheitspolitischen Kurs im 21. Jahrhundert. Die Herausforderungen liegen dabei in einem Spannungsfeld von großen Chancen und neuen Risiken. Die neue Lage in Europa bietet Möglichkeiten, neue Wege bei der Ausgestaltung tragfähiger Sicherheitsstrukturen zu gehen. Wir haben die Chance, die Einheit ganz Europas entscheidend voranzubringen.

Durch den Zerfall staatlicher Strukturen im Osten Europas, aber auch durch besorgniserregende Entwicklungen jenseits der Grenzen unseres Kontinents sind neue Risiken und Herausforderungen entstanden. Die Bilder aus dem ehemaligen Jugoslawien sprechen für sich. Eine Welle ethnisch und religiös begründeter Nationalismen breitet sich aus. Sezessionsbestrebungen eskalieren gewaltsam. Der Streit um das Erbe der zerfallenen Sowjetunion und Jugoslawiens geht uns alle an.

Wir sind Zeugen einer Vielfalt schwer durchschaubarer und beherrschbarer Krisen und Konflikte. Nur selten greifen die klassischen Mechanismen zur friedlichen Streitbeilegung. Auch mitten in Europa, im Zentrum der abendländischen Kultur, erweisen sie sich als machtlos. Krieg und Bürgerkrieg sind als Mittel der Politik zurückgekehrt. Dort haben das Recht und die Vernunft ihre Kraft verloren. Dort sind die elementaren Regeln menschlichen Zusammenlebens Makulatur geworden.

Die neue Unübersichtlichkeit der politisch-strategischen Lage wird überlagert von wirtschaftlichen und technologischen Herausforderungen. Die nordamerikanische Freihandelszone, die Dynamik des pazifischen Raums, die Notwendigkeit zur Revitalisierung der traditionellen Märkte und Ressourcen im Osten und die großen ökonomischen und ökologischen Entwicklungsaufgaben in der Dritten Welt sind entscheidende Faktoren unserer Sicherheitspolitik. Als weltmarktabhängige Exportnation können wir Sicherheit auf Dauer nur gestalten, wenn wir mit hochindustrialisierten Staaten und Zentren von morgen Schritt halten können. Dazu gehören eine gerechte Weltwirtschaftsordnung, ein offenes weltwirtschaftliches System.

III.

Unsere Sicherheitsvorsorge verlangt einen neuen, konzeptionellen Ansatz. Er baut auf den bewährten Konstanten, auf gemeinsamen Wertvorstellungen und Interessen auf. Er muß aber neue Perspektiven weisen und schlüssige Antworten auf die drängenden Fragen unserer Zeit geben.

Diese Konzeption ruht auf folgenden Überlegungen:

o   Die Sicherheit Deutschlands ist untrennbar mit der Sicherheit aller Staaten Europas verbunden. Wir müssen Sicherheitsvorsorge in und für Europa gestalten.

o   Die Sicherheit von Staaten läßt sich nicht mehr durch den Schutz von Grenzen allein gewährleisten. Die neuen Risiken enthalten ein Gefährdungspotential, das Grenzen und Kontinente überschreiten kann.

o   Sicherheitsfragen sind gesamtpolitische Aufgaben. Sie erfordern eine konzeptionelle Gesamtbetrachtung der politischen, ökonomischen, ökologischen, sozialen und militärischen Aspekte. Zuallererst gilt es, Ursachen von Spannungen und Konflikten zu begegnen. Vorrang haben Kooperation und Krisenprävention. Sicherheitspolitik ist breit anzulegen im Gesamtzusammenhang von Schützen und Gestalten.

o   Sicherheitspolitik als Gesamtaufgabe unter den neuen strategischen Bedingungen läßt sich weder inhaltlich noch geographisch, noch institutionell eingrenzen. Wir brauchen ein flexibles Instrumentarium internationaler Politik. Die neue Sicherheitsarchitektur muß die europäischen und transatlantischen Institutionen und Prozesse umfassen. Ihre Fähigkeiten müssen sich gegenseitig ergänzen und eine Vielfalt von Handlungsoptionen eröffnen. Wir müssen je nach Lage flexibel agieren und reagieren können.

Für Deutschland ist Bündnisfähigkeit die Grundlage seiner Politikfähigkeit und Interessensicherung als kontinentale Mittelmacht mit weltweiten Interessen. Das Fundament unserer Außen- und Sicherheitspolitik ist die Einbettung in NATO und Europäische Gemeinschaft.

Die NATO ist Ausdruck der stärksten Verbindung zwischen Staaten, die es gibt: Die Verbindung durch gemeinsame Werte und gleichgerichtete Interessen. Dies war und ist auch heute der Schlüssel zum einzigartigen Erfolg dieses Bündnisses. Im Herzen Europas sind wir mehr als 40 Jahre von Krieg verschont.

Wir müssen die Nordatlantische Allianz fortentwickeln und an das veränderte sicherheitspolitische Umfeld anpassen. Ihre Handlungsfähigkeit im euro-atlantischen Sicherheitsraum muß gestärkt werden. Kooperation mit den bisherigen Gegnern und die Bereitschaft, friedensbewahrende Maßnahmen zu unterstützen, sind erste, wichtige Schritte in diesem Prozeß.

Durch gesicherte Verteidigungsfähigkeit und politische Gestaltungskraft nimmt die NATO eine Stabilisierungsfunktion wahr, die auf ganz Europa ausstrahlt. Sie fördert die Sicherheit der nordamerikanischen und aller europäischen Staaten.

Stabilität und Sicherheit sind auf beides angewiesen: Auf Verteidigungsfähigkeit und politische Gestaltung. Nur die Verknüpfung beider Faktoren hat Erfolg. Es wäre ein strategischer Fehler, das Bündnis auf seine Verteidigungsdimension zu beschränken.

Der europäische Zusammenschluß muß seine Entsprechung auch unter dem Dach der NATO finden. Wir müssen jetzt das erreichen, was Präsident Kennedy bereits 1963 gesagt hat: Eine Allianz, die auf zwei gleichen Pfeilern ruht und die beiden größten Zentren von Demokratie und Marktwirtschaft verbindet: Nordamerika und das vereinte Europa. Es ist die Idee des dualen Bündnisses. Wir brauchen eine zeitgemäße Partnerschaft unter Gleichen.

Nordamerika und das sich integrierende Europa müssen ihr Verhältnis und ihre Kooperation neu bestimmen – politisch, ökonomisch und strategisch. Damit wird eine neue Teilung von Lasten und Aufgaben einhergehen: Europa muß handlungsfähig werden und künftig mehr für seine Sicherheit tun, um Amerika zu entlasten.

Aber Europa bleibt dennoch angewiesen auf die strategische Rückendeckung durch die USA. Wir werden diese Rückendeckung nur in

Anspruch nehmen können, wenn Amerika an den europäischen Prozessen gestaltend mitwirkt und mit signifikanter Militärpräsenz in Europa verbleibt.

Der Gipfel von Edinburgh ist ein zukunftsweisendes Signal für die Fortentwicklung des europäischen Einigungswerkes. Es gibt keinen Zweifel mehr: Die Verträge von Maastricht werden schrittweise umgesetzt. Konrad Adenauer und Jean Monnet sind die Väter des modernen Europas. Die Vision dieser großen Staatsmänner – »Europa, einig und frei« – wird in der Europäischen Union Realität. Das Europa der »Zwölf« schließt sich politisch und ökonomisch zusammen.

Wir dürfen dabei aber nicht stehenbleiben. Die Qualität der kontinentalen und globalen Herausforderungen verlangt die Bündelung aller verfügbaren Ressourcen. Wir brauchen den Zusammenschluß aller auf Demokratie und Marktwirtschaft gegründeten Nationen des Kontinents.

Die Erweiterung und Vertiefung der EG müssen parallele Prozesse sein. Die Beitrittsverhandlungen mit Österreich, Finnland und Schweden zu Beginn nächsten Jahres sind ein Anfang. Aber wir müssen auch unseren Nachbarn im Osten eine politische, ökonomische und strategische Beitrittsperspektive geben. Wir dürfen nicht die Zwölfergemeinschaft weiter perfektionieren, ohne zugleich auch den Osten einzubeziehen.

Die sicherheitspolitische Dimension darf sich der Sogwirkung des wirtschaftlichen und politischen Zusammenschlusses nicht entziehen. Wer politisch und wirtschaftlich zusammengehört, muß auch die äußere Sicherheit als Gemeinschaftsaufgabe begreifen.

Mit der Aufstellung des Europäischen Korps haben Deutschland und Frankreich den ersten Schritt in diese Richtung getan. Der Kern europäischer Streitkräfte unter dem Dach von NATO und WEU ist geschaffen. Ich bin zuversichtlich: Weitere Mitgliedstaaten der Westeuropäischen Union werden dem Beispiel folgen und Streitkräfte für das Korps zur Verfügung stellen. Mit dem Euro-Korps erhält die Bundeswehr neben ihrer festen Verankerung in der NATO eine eindeutige europäische Dimension.

IV.

Der konzeptionelle Neuansatz deutscher Sicherheitspolitik bestimmt die neue Planungsphilosophie für die Streitkräfte. Bei unveränderten Eckwerten – allgemeine Wehrpflicht, 12monatiger Wehrdienst und Personalumfang von 370000 Mann – sind ihre Bestimmungsgrößen

o   der Wegfall direkter militärischer Bedrohung,
o   die Priorität der Krisenvorsorge und -beherrschung im erweiterten Umfeld,
o   Bündnisintegration und Multinationalität und
o   der begrenzte Ressourcenrahmen.

Der Auftrag der Bundeswehr setzt diese Konzeption konsequent um. Die Bundeswehr

o   schützt Deutschland und seine Staatsbürger gegen politische Erpressung und äußere Gefahr,
o   fördert die militärische Stabilität und die Integration Europas,
o   verteidigt Deutschland und seine Verbündeten,
o   dient dem Weltfrieden und der internationalen Sicherheit in Einklang mit der Charta der Vereinten Nationen,
o   hilft bei Katastrophen, rettet aus Notlagen und unterstützt humanitäre Aktionen.

Der Auftrag ist Leitlinie für die Neuausrichtung der Bundeswehr. Der Wegfall der direkten Bedrohung und die Instrumentierung der Streitkräfte als Mittel politischer Krisen- und Konfliktsteuerung erlauben die funktionale Differenzierung und Präsenzabstufung der Bundeswehr im Gesamtsystem. Wir brauchen keine »Universalarmee« mehr.

Die Kräfte für die Hauptverteidigung können in ihrer Präsenz deutlich reduziert und stark gekadert werden. Sie bilden die Masse der Streitkräfte. Sie werden als Mobilmachungskräfte zur bündnisgemeinsamen Landesverteidigung ausgelegt. Ihre Hauptaufgabe im Frieden ist die Ausbildung von Wehrpflichtigen und Reservisten.

Aus präsenten und rasch einsatzbereiten Truppenteilen kommt der deutsche Beitrag zu den Krisenreaktionskräften des Bündnisses. Sie stehen als Kräfte der ersten Stunde zum Schutz Deutschlands und seiner Verbündeten bereit. Krisenreaktionskräfte sind das Instrument politischen Krisenmanagements und zugleich Schildkräfte für den Aufwuchs unserer Hauptverteidigungskräfte, wenn sie für die Verteidigung Deutschlands mobil gemacht werden müßten. Sie müssen sofort verfügbar, flexibel und weiträumig einsetzbar sein. Ein Teil von ihnen wird zu humanitären und Friedensmissionen im Einklang mit der Charta der Vereinten Nationen befähigt. Das Anforderungsprofil der Bundeswehr wird also erheblich breiter.

V.

Die Neugestaltung der Bundeswehr ist in den Gesamtzusammenhang der gesamtstaatlichen Schwerpunktaufgabe »Aufbau Ost« zu stellen. Es gilt, Sicherheit und Einsparungen in einen stimmigen Zusammenhang zu bringen. Gestaltungsspielraum ist nur im Gesamtsystem der Streitkräfte und Rüstung zu gewinnen. Dazu sind für die künftigen Anforderungen klare Prioritäten zu setzen.

Alle bisherigen Planungen standen daher auf dem Prüfstand. Nichts darf Bestand haben, was den geänderten Erfordernissen und Rahmenbedingungen nicht zwingend entspricht. Keine Mark wird mehr für Bedrohungssituationen der Vergangenheit ausgegeben.

Vorrang für Investitionen erhalten die Krisenreaktionskräfte. Im Spannungsfeld zwischen begrenzten Investitionen und Betriebsmitteln müssen die Mittel für Ausbildung Vorrang haben. Ebensohohen Stellenwert haben Anstrengungen zur Verbesserung der Lebensbedingungen unserer Soldaten, besonders im Osten Deutschlands. Deshalb wurden für 1993 keine großen Materialbeschaffungen eingeleitet und entsprechende Mittel umgeschichtet.

Die gesamten Beschaffungsvorhaben wurden gründlich durchforstet, konsequent gestrafft und zeitlich gestreckt. Der Aufbau der Krisenreaktionskräfte muß schrittweise erfolgen. Die Qualität vollständiger, einsatzfähiger Einzelpakete hat Vorrang vor der Quantität. Die Defizite sind schrittweise abzubauen. Von besonderer Dringlichkeit sind die Aufstellung und Ausstattung der Teile, die für humanitäre Aufgaben und Blauhelm-Missionen vorgesehen werden.

Daraus ergibt sich der größte Umsteuerungsbedarf beim Heer. Dort muß das konzeptionelle Schwergewicht von schweren, mechanisierten Kräften auf leichte, mobile Verbände verlagert werden. Die Ausrüstung unserer Heeressoldaten in den leichten Verbänden, die künftig im internationalen Verbund ihre Aufgaben zu erfüllen haben, muß dem neuen Anforderungs-profil entsprechen und zugleich qualitativ einem internationalen Vergleich standhalten.

Die künftige Ausrüstung der Luftwaffe reflektiert ihre Aufgaben und Rolle in den bündnisgemeinsamen Krisenreaktionskräften. Der Schwer-punkt liegt in den Feldern Luftverteidigung und Lufttransport. Dabei kommt nach der Jahrtausendwende dem neuen Jagdflugzeug sowie dem neuen, bodengestützten Luftverteidigungssystem hohe Bedeutung zu.

Die durchweg moderne und leistungsfähige Ausrüstung unserer Haupt-verteidigungskräfte wird noch über die Jahrtausendwende aufgabenge-recht sein. Der Beschaffungsumfang für die Streitkräfte kann im Vergleich zu früheren Jahren insgesamt deutlich abgesenkt werden. Für den Aufbau der Logistik und Sanitätskomponente der Krisenreaktionskräfte waren weitere Abstriche im Umfang der Hauptverteidigungskräfte und in der Führungsorganisation unumgänglich. Das betrifft einige Stäbe und zwei Brigaden des Heeres. Sie werden aufgelöst.

Wir brauchen in Zukunft weniger und in weiten Bereichen anderes Material. Dazu müssen wir quantitativ und qualitativ umsteuern. Vorrang hat die Auftragserfüllung vieler Waffensysteme auf breiter Basis und im Systemverbund; nicht die Spitzenleistung des einzelnen Waffensystems steht künftig im Vordergrund. Dazu brauchen wir in ausgewählten Berei-chen Spitzentechnologie als »Force Multipliers«.

Der hohe Stellenwert der Krisenreaktionsfähigkeit bestimmt die Schlüs-selkriterien der Rüstung: Flexibilität, Mobilität und die Fähigkeit zur Multinationalität. Die neue Materialplanung steckt die Richtung ab, wo der künftige Bedarf liegt und welche Schlüsselindustrien Deutschland erhält. Die deutsche Rüstungsindustrie muß aber sicherheitspolitisch begründet sein. Ich strebe Arbeitsteilung und breite Rüstungskooperation im europäischen Rahmen an. Allen Staaten Europas geht es nämlich ähnlich: Alle brauchen weniger Material; alle haben weniger Geld; alle haben Überkapazitäten in der wehrtechnischen Industrie. In dieser Situation brauchen wir dringend eine europäische Schwerpunktbildung.

VI.

Unsere Bundeswehr steht vor großen Herausforderungen. Sie muß reduziert und umstrukturiert werden; sie muß auf neue Aufgaben ausgerichtet werden. Alle Aufgaben sind gleichzeitig und kurzfristig zu lösen. Faktisch kommt das einem Neuaufbau gleich. Wir brauchen aber nicht nur neue Strukturen und anderes Material. Wir brauchen vor allem ein neues Denken.

Unsere Vorstellungen von Sicherheit waren jahrzehntelang auf Mitteleuropa gerichtet. Verteidigung hatte einen engen territorialen Bezug. Der Schock über die deutsche Vergangenheit und ihre Folgen führten zu begründeter Selbstbeschränkung eines geteilten, nicht voll souveränen Landes.

Heute ist eine Epochenschwelle überschritten. Es gelten andere Maßstäbe. Es ist nur scheinbar paradox: Die unmittelbare, massive und existentielle Bedrohung ist zwar verschwunden. Dennoch liegt die Realität eines Einsatzes näher als je zuvor. Meine Herren, machen Sie sich diese Tatsache klar − mit allen Konsequenzen für Ihren Dienst, für Ihre Führungs- und Ausbildungsaufgabe, für Ihre Verantwortung als militärische Vorgesetzte und für Ihr Selbstverständnis.

Viele von Ihnen werden zur humanitären Hilfe, zur Katastrophenhilfe und im Rahmen einer Blauhelm-Mission eingesetzt werden. Sie werden dann mit schwierigsten Bedingungen, mit menschlichem Elend und mit Gefahr für Leib und Leben konfrontiert werden.

Soldat sein heißt, sich extremen Situationen stellen zu können. Das beginnt bei besonderen persönlichen und familiären Belastungen, schließt ein die körperlichen und geistigen Herausforderungen in der Ausbildung und reicht in letzter Konsequenz bis zum Einsatz des Lebens für die Freiheit Deutschlands und den Frieden in Europa und der Welt. Es ist nichts weiter als aufrichtig, sich das bewußt zu machen, es weder zu verschweigen noch zu beschönigen.

Die geistige Bewältigung der neuen Herausforderungen erfordert offene, von Vertrauen getragene Gespräche. Überzeugungen müssen wachsen. Das braucht Zeit. Aber nicht unbegrenzt. Ich erwarte von Ihnen allen, daß Sie sich diesen Fragen offensiv stellen. Ich erwarte, daß Sie die neue Lage gründlich reflektieren, daß Sie Ihre Haltung dazu bestimmen und glaubwürdig im täglichen Dienst umsetzen.

Meine Aufgabe ist, die politischen Voraussetzungen dafür zu schaffen. Darum bemühe ich mich weiter mit ganzer Kraft. Ich werde nicht nachlassen. Sie gestalten die Bundeswehr der Zukunft — eine neue, eine faszinierende Aufgabe und mein Auftrag an Sie.

Die radikalen Änderungen bleiben nicht ohne Auswirkungen auf das Führungsdenken, die Umsetzung in Vorschriften und die Ausbildung des Führerkorps. In einigen Bereichen betritt die Bundeswehr Neuland. Hier sind wir auf die Erfahrungen unserer Alliierten und der Partner von der Völkergemeinschaft der Vereinten Nationen angewiesen.

Ich erwarte gerade von der Akademie, daß sie in diesem Prozeß geistige Führung übernimmt. Als internationale Begegnungsstätte für die Streitkräfte können sie Erfahrung und Kompetenz vieler Offiziere nutzen. Sie tragen dazu bei, daß aus unseren Offizieren professionelle Führungskräfte werden — Führer und Führungsgehilfen, die kritisch und ganzheitlich denken, politisch, historisch und moralisch bewußt urteilen, couragiert und präzise beraten, verantwortlich führen und entschlossen handeln.

Die Lehre der Akademie ist heute modern, aktuell und perspektivisch angelegt. Die Konzentration auf übergreifende Problemstellungen und das Denken in multinationalen Kategorien überzeugen mich. Ich spreche Ihnen,

Herr General Dr. Reinhardt, und Ihren Mitarbeitern meine Anerkennung aus. Sie sind auf dem richtigen Weg.

Ich wünsche Ihnen bei der geistigen Bewältigung der neuen Aufgaben der Bundeswehr weiter viel Erfolg.

Ein neuer Auftrag
für die Panzergrenadierbrigade 7

Ansprache gelegentlich des Feierlichen Appells zur Umgliederung der Panzergrenadierbrigade 7 am 16. Dezember 1992 in Hamburg-Fischbek.

»Wie die Bundeswehr insgesamt sind Sie Teil eines tiefen Umbruchs.«

Soldaten und zivile Mitarbeiter der Panzergrenadierbrigade 7!

Sie sind heute zum Feierlichen Appell angetreten, um die Umgliederung Ihrer Brigade zu vollziehen.

Wie die Bundeswehr insgesamt sind Sie Teil eines tiefen Umbruchs. Die Brigade steht für viele Verbände des Heeres. Sie hat Auflösung, Umbau und Aufbau zugleich zu bewältigen. Ihr Großverband hat einen neuen Auftrag erhalten. Er wird jetzt darauf ausgerichtet. Die Brigade bekommt ein vollkommen neues Gesicht.

Der Umgestaltungsprozeß ist Ausdruck der Neuorientierung der Sicherheits- und Verteidigungspolitik unseres Landes. Die Rahmenbedingungen in Europa und weltweit haben sich grundlegend geändert. Deutschlands Sicherheit ist dramatisch verbessert. Heute sind wir nur von Freunden, Verbündeten und neuen Demokratien umgeben. Die Deutsche Einheit ist mit großen Abrüstungsfortschritten in ganz Europa verbunden, an die vor wenigen Jahren noch keiner glaubte.

Diese Entwicklung erlaubt uns, den Umfang der Bundeswehr deutlich zu verringern. Die Masse des Heeres kann in starkem Maße gekadert werden. Damit wird es noch stärker mobilmachungsabhängig – wie diese Brigade auch.

Das ist die eine Seite der Entwicklung. Die andere liegt in der gewachsenen Verantwortung Deutschlands in Europa und in der Welt. Kernauftrag der deutschen Streitkräfte bleibt die Landesverteidigung und die Verteidigung des Bündnisgebietes zusammen mit unseren Alliierten. Für diesen Zweck bauen wir Hauptverteidigungs- und Krisenreaktionskräfte auf.

Deutschland kann nicht beiseite stehen, wenn es gilt, unsere Bündnispartner zu unterstützen. Jahrzehntelang haben wir Tag für Tag ihren Schutz genossen. Wir können auch nicht tatenlos zusehen, wenn das Völkerrecht mit Füßen getreten und Menschenrechte laufend auf das grausamste verletzt werden. Nicht nur die Moral, die Prinzipien unserer Verfassung und unsere Interessen gebieten, schützend, helfend und notfalls auch kämpfend einzugreifen – zusammen mit Verbündeten und Partnern und im Auftrag der Vereinten Nationen.

Das Grundgesetz verpflichtet uns, in einem vereinten Europa dem Frieden der Welt zu dienen. Da können wir Deutsche nicht sagen: Wir zahlen, die anderen sollen kämpfen. Wenn wir als verläßlicher Bündnispartner ernst genommen werden wollen, müssen wir die gleichen Risiken tragen – so wie Frankreich, Luxemburg und Belgien auch. Jeder sieht das ein, wenn er die schrecklichen Bilder aus Sarajewo oder Somalia sieht. Auf diese breitere Verantwortung hin richten wir die Bundeswehr aus.

Ein Teil der Krisenreaktionskräfte soll daher in Zukunft für humanitäre Hilfsmaßnahmen und Blauhelm-Missionen der Vereinten Nationen bereitstehen. Ich setze mich mit aller Kraft dafür ein, die Voraussetzungen dafür zu schaffen.

Die ersten Schritte sind gemacht. Unsere Sanitäter helfen in Kambodscha, unsere Heeresflieger unterstützen die Vereinten Nationen im Irak, unsere Transportflieger bringen tagaus, tagein Lebensmittel nach Sarajewo und Somalia. Aber wir können mehr.

Ich kann jedoch nicht zulassen, daß der politische Streit über die Aufgaben der Bundeswehr auf dem Rücken unserer Soldaten ausgetragen wird. Sie haben ein Recht auf einen klaren Auftrag und breiteste Unterstützung von Parlament und Volk, wenn sie in die Krisenregionen der Welt geschickt werden sollen. Das bin ich als Inhaber der Befehls- und Kommandogewalt allen Angehörigen der Bundeswehr schuldig.

Die Panzergrenadierbrigade 7 wird den Hauptverteidigungskräften angehören. Sie wird am 1. Oktober 1993 der 6. Panzergrenadierdivision unterstellt. Die Brigade wird damit Teil des deutsch-dänischen NATO-Korps LANDJUT.

Der Auftrag Ihrer Brigade wird es sein, einen Beitrag zur Verteidigung unseres Landes zu leisten. Sie werden Wehrpflichtige und Reservisten ausbilden. Darin liegt für Sie in der Zukunft die Herausforderung, die an Bedeutung zunimmt.

Denn die Wehrpflicht ist unverzichtbar. Sie ist die Klammer zwischen Bevölkerung und Bundeswehr. Mit der Wehrpflicht stellt ein freier, demokratischer und friedlicher Staat seinen Selbstbehauptungswillen unter Beweis. Ich sehe keinen Grund, warum Deutschland von diesem bewährten Prinzip Abschied nehmen sollte.

Die Bundeswehr bleibt ein unverzichtbares Instrument der Politik zum Schutz Deutschlands, seiner Bürger und der in unserer Verfassung verankerten Werte. Unsere Bundeswehr trägt entscheidend zur Politik- und Bündnisfähigkeit Deutschlands bei.

Die Bundeswehr durchläuft zur Zeit den schwierigsten Umgestaltungsprozeß seit ihrem Bestehen. Er kommt einem Neuaufbau gleich. Alle sind betroffen. Für viele Soldaten, zivile Mitarbeiter und ihre Familien bedeutet dieser Prozeß einen tiefen Einschnitt in ihre Lebensplanung: Umzüge, Schulwechsel und nicht selten der Verlust des Freundeskreises. Das belastet besonders die Familien. Viele verlieren auch ihre militärische Heimat. Ich weiß, das schmerzt.

Auf die meisten aber, die heute hier angetreten sind, kommt eine neue Aufgabe zu. Sie ist militärisch und menschlich von großer Bedeutung. Sie formen einen neuen Verband – jeder an seinem Platz, in seiner Einheit, in seinem Bataillon. Das ist eine faszinierende Chance und fordernde Verpflichtung zugleich.

Soldaten und zivile Mitarbeiter der Panzergrenadierbrigade 7 – die Bundeswehr ist auf Ihre Loyalität und Ihre Einsatzbereitschaft angewiesen. Ich verlasse mich auf Sie. Ich bin sicher, Sie werden sich gemeinsam den neuen Herausforderungen stellen – mit Selbstbewußtsein, Können und Optimismus.

Ich danke Ihnen für Ihre bisherigen Leistungen, ich danke Ihren Familien für das Verständnis, mit der sie die Belastungen mittragen. Ich wünsche Ihnen allen für die neuen Aufgaben Glück und Erfolg.

Deutschlands Verantwortung in der Völkergemeinschaft

Rede anläßlich der ersten Beratung des Entwurfs eines Gesetzes zur klarstellenden Ergänzung des Grundgesetzes am 15. Januar 1993 im Deutschen Bundestag in Bonn.

»Die KZs in Deutschland sind allein durch Soldaten geschlossen worden und nicht durch Resolutionen.«

Herr Präsident! Liebe Kolleginnen und Kollegen!

Der Fraktionsvorsitzende der SPD, Hans-Ulrich Klose, hat am 13. Januar gegenüber SAT 1 folgendes erklärt:

(Zuruf von der CDU/CSU: Wo ist er denn?)

»Ich will in der Tat nicht in jeder beliebigen Form deutsche Soldaten an alle möglichen Fronten schicken. Dafür stehe ich!«

(Dr. Alfred Dregger [CDU/CSU]: Wir alle!)

Ich sage Ihnen: Dafür steht Klaus Kinkel, dafür steht Volker Rühe, dafür steht jeder einzelne Abgeordnete dieser Koalition.

(Beifall bei der CDU/CSU und der F.D.P.)

Auf dieser Grundlage können wir miteinander sprechen. Nur, was weg muß, sind die bösen Worte von der Interventionsarmee und der Kriegsführungsarmee.

(Beifall bei der CDU/CSU und der F.D.P.)

Ich muß die deutsche Sozialdemokratie warnen, was ihr Verhältnis zur Bundeswehr angeht, an dem mir sehr viel liegt, denn ich habe immer deutlich gemacht, wie wichtig das ist.

Karsten D. Voigt (Frankfurt-SPD): Entschuldigen Sie, das ist nicht das Problem der Bundeswehr, das ist das Problem der politischen Führung!

Volker Rühe, Bundesminister der Verteidigung: Herr Kollege Voigt, wenn Sie schon Mißtrauen gegenüber führenden Politikern dieses Landes haben, was ich mir verbitte, weise ich Ihr Mißtrauen gegenüber den Soldaten zurück. Die würden das niemals mit sich machen lassen.

(Beifall der CDU/CSU und der F.D.P.)

Vizepräsident Helmuth Becker: Herr Minister, gestatten Sie eine Zwischenfrage des Kollegen Voigt?

Volker Rühe, Bundesminister der Verteidigung: Ich füge noch einen Satz hinzu: Diese Armee ist inzwischen eine so gefestigte Armee, mitten in der Demokratie, daß sie sich allen Politikern widersetzen würde, die so etwas — Interventionsarmee — vorhätten. Das müssen Sie bitte wissen. Das muß im Interesse der Soldaten hier gesagt werden.

(Beifall bei der CDU/CSU und der F.D.P.)

Vizepräsident Helmuth Becker: Gestatten Sie jetzt eine Zwischenfrage des Kollegen Voigt?

Volker Rühe, Bundesminister der Verteidigung: Gerne.

Vizepräsident Helmuth Becker: Bitte, Kollege Voigt.

Karsten D. Voigt (Frankfurt-SPD): Herr Rühe, würden Sie zur Kenntnis nehmen, daß wir volles Vertrauen zu den Soldaten und der Bundeswehr, aber kein Vertrauen zur politischen Führung und ihren Absichten hier haben?

(Beifall bei der SPD und der PDS/Linke Liste — Eduard Oswald [CDU/CSU]: Unverschämtheit! — Weitere Zurufe von der CDU/CSU)

Volker Rühe, Bundesminister der Verteidigung: Ich finde das schlimm genug, was Sie hier sagen, Herr Kollege Voigt. Aber ich sage noch einmal:

Im Interesse der Soldaten dieser Armee weise ich solche Begriffe zurück. Sie gehören nicht in die deutsche politische Diskussion.

(Beifall bei der CDU/CSU und der F.D.P.)

Worum geht es uns? Warum soll ein 19jähriger polnischer Soldat jetzt, im Jahre 1993, eine größere Verantwortung für den Frieden und die Sicherheit Europas tragen als ein 19jähriger deutscher Soldat? Ich möchte, daß wir die Grundlagen schaffen, daß bald deutsche und polnische Soldaten zusammen etwas für den Frieden und die Sicherheit in Europa tun können. Ich beende damit den Blick auf die Vergangenheit und öffne das Tor in die Zukunft. Was tun Sie?

Warum soll ein 19jähriger französischer Soldat — ich wiederhole das — ein größeres Risiko für die Sicherheit Europas tragen? Darum geht es doch in den Vorschlägen. Wir stehen vor der Aufgabe, daß Deutschland in einem neuen und gewandelten internationalen System gleiche Verantwortung wie seine Nachbarn übernimmt.

Vizepräsident Helmuth Becker: Herr Minister, gestatten Sie eine Zwischenfrage des Kollegen Brecht?

Volker Rühe, Bundesminister der Verteidigung: Ja, bitte.

Vizepräsident Helmuth Becker: Bitte, Herr Brecht.

Dr. Eberhard Brecht (SPD): Herr Minister, trifft die Aussage der »Süddeutschen Zeitung« vom Sommer des letzten Jahres zu, wonach Sie gegenüber der »Süddeutschen Zeitung« bestätigt haben, daß die Auffassung von Henry Kissinger richtig sei, daß man den Deutschen aus der geschichtlichen Verantwortung heraus einen militärischen Einsatz in den nächsten zehn Jahren nicht zumuten kann, und würden Sie dem Prozeß des Umdenkens in Deutschland nicht ein wenig mehr Zeit geben wollen?

Volker Rühe, Bundesminister der Verteidigung: Herr Kollege, das bezog sich auf den Bodeneinsatz im Golfkrieg, und dabei bleibe ich. Ich weiß dies jetzt noch besser als vorher. Darauf sind wir materiell überhaupt noch gar nicht vorbereitet.

(Zuruf von der SPD: Also doch eine Interventionsarmee! – Weitere Zurufe von der SPD)

Aber nehmen Sie die Situation in Somalia. Das ist eine friedensschaffende Maßnahme. Meine Frage ist: Warum sollen nicht deutsche Soldaten zusammen mit Franzosen dort tätig werden? Darauf schulden Sie uns eine Antwort.

(Beifall bei der CDU/CSU und der F.D.P.)

Vizepräsident Helmuth Becker: Gestatten Sie noch eine Zwischenfrage des Kollegen Brecht?

Volker Rühe, Bundesminister der Verteidigung: Ich würde jetzt gerne fortfahren.

Es geht um die Zukunftsfähigkeit der deutschen Außen- und Sicherheitspolitik angesichts neuer Herausforderungen. Es geht auch um die entsprechende Einordnung der Rolle der Bundeswehr, wobei die Streitkräfte nur ein Instrument unserer Außen- und Sicherheitspolitik sind. Ich möchte ausdrücklich ein breites Sicherheitsverständnis unterstützen. Das heißt: Vorrang hat für uns immer die Bekämpfung der Ursachen von Spannungen und der Ursachen von Konflikten. Es geht z.B. um die wirtschaftliche und politische Unterstützung von instabilen Staaten, die auf dem Wege zur Demokratie sind. Das ist natürlich auch vorrangig Sicherheitspolitik. Es ist doch letztlich nur Ultima ratio, wenn es zu einem Kampfeinsatz, zu einem militärischen Einsatz kommen sollte. Auch hier darf es keine Unterstellungen geben. Hier gibt es keinerlei unterschiedliche Betrachtung.

(Beifall bei der CDU/CSU und der F.D.P.)

Wir Deutsche haben von den radikalen Veränderungen in Europa und in der Welt letztlich am meisten profitiert, was unsere Sicherheit angeht. Wir haben unsere Einheit mit Europa, mit Amerika und nicht gegen sie gewonnen. Wenn wir Deutschlands Einheit vollenden und zugleich das vereinte Europa bauen wollen, dann brauchen wir die Solidarität unserer Freunde und Partner. Das ist eine Zweibahnstraße. Robert Leicht hat es in der »Zeit« auf den Punkt gebracht. Es darf nicht heißen: Alle für einen, aber der eine nur für sich. Das ist die Lage, in der sich Deutschland befindet.

(Beifall bei der CDU/CSU und der F.D.P.)

Heute, wo es darum geht, Krieg, Not und Gewalt abzuwenden und abscheuliche Verbrechen zu verhindern – da sollen wir uns verweigern? Wollen wir wirklich internationale Konfliktverhütung und multinationales Krisenmanagement lähmen, die doch erklärte Kernpunkte unserer Politik sind? In den Augen der Welt jedenfalls wäre das ein nicht nachvollziehbarer Bruch deutscher Außenpolitik; denn dafür sind wir doch immer eingestanden in den erfolgreichen Jahren der deutschen Nachkriegsgeschichte.

Was die künftige Rolle der NATO angeht: Wollen Sie denn wirklich, daß sich die NATO darauf konzentriert, nur auf den einen – Gott sei Dank sehr unwahrscheinlich gewordenen – großen Konflikt zu warten? Alle anderen Mitgliedstaaten der NATO bereiten sich darauf vor, friedenserhaltende und friedensschaffende Maßnahmen in Europa auf der Basis der Charta der Vereinten Nationen durchzuführen. Sehen Sie denn nicht, daß diese Mitgliedstaaten der NATO es als einen Bruch der deutschen Politik empfinden, wenn ein Schlüsselstaat wie Deutschland bei den neuen Aufgaben der NATO in Europa ausfällt? Das ist doch die Frage, der Sie sich stellen müssen, wenn Sie es ernst meinen mit Ihrem Bekenntnis auch zur Zukunft der NATO.

(Beifall bei der CDU/CSU sowie bei Abgeordneten der F.D.P.)

Der Krieg ist als Mittel der Politik nach Europa zurückgekehrt. Ich meine, mit welchen neuen Konstellationen wir es zu tun haben, merkt man ja schon daran, daß sich hier Sprecher der GRÜNEN und vom BÜNDNIS 90 auf Militärs berufen, die im Unterschied zu obersten Militärs nicht immer mit besonderer Zurückhaltung argumentiert haben, was militärische Einsätze im ehemaligen Jugoslawien angeht. Hier sind doch ganz neue Fronten entstanden. Das zeigt doch, daß wir zu neuen Antworten kommen müssen und daß sich Deutschland dem nicht einfach verweigern kann.

Aber kein Staat kann allein meistern, was auf uns zukommt. Internationale Zusammenarbeit und Bündnisfähigkeit sind ein unabdingbarer Teil der Staatsräson Deutschlands. Das erfordert unsere Solidarität.

(Dr. Eberhard Brecht [SPD]: Das ist ein gutes Wort!)

Ja, natürlich. Aber ist Ihnen ganz entgangen, daß alle unsere Vorschläge darauf basieren, daß wir nie etwas allein machen, sondern immer nur mit anderen zusammen?

(Beifall bei Abgeordneten der CDU/CSU und der F.D.P. – Karl Lamers [CDU/CSU]: Aber davor haben die gerade Angst!)

Wissen Sie, wenn wir uns in der deutschen Geschichte immer so verhalten hätten, nur das zu tun, was auch unsere Nachbarn für richtig halten, hätten wir uns manches, wenn nicht alles erspart.

(Beifall bei der CDU/CSU und der F.D.P.)

Warum muß sich denn Deutschland immer von anderen unterscheiden? In der Vergangenheit in bestimmten historischen Phasen durch besondere Amoralität? Und warum glauben Sie denn jetzt, daß Sie moralischer wären als andere? Warum können wir nicht so den Weg finden, daß wir uns fragen, wie unsere beiden wichtigen Nachbarn im Osten und Westen, Frankreich und Polen, die Lage in Europa sehen, was für die moralisch oder unmoralisch ist? Ist das keine gute Leitschnur deutscher Politik am Ende dieses Jahrhunderts?

(Beifall bei der CDU/CSU und der F.D.P.)

Warum müssen wir immer etwas Besonderes sein? Im übrigen, was ist denn eigentlich moralisch?

(Karl Lamers [CDU/CSU]: Hypermoralisch! – Zurufe von der SPD – Gegenruf von der CDU/CSU: Eure Haltung ist eine Frechheit!)

Wir haben ja zum Glück eine Diskussion darüber. Hier ist auch gesagt worden: Die KZs in Deutschland sind allein durch Soldaten geschlossen worden und nicht durch Resolutionen! Vielleicht ist es auch in der Zukunft nur Soldaten möglich, so etwas, was zutiefst unmoralisch ist, zu beenden. Deswegen kann der Einsatz von Militär moralisch sehr geboten sein.

(Beifall bei der CDU/CSU und der F.D.P.)

Ich bin mit dem Kollegen Gansel doch völlig einig! Die KZs in Deutschland sind nicht durch noch so berechtigte und ergreifende Demonstrationen in London und New York geschlossen worden, sondern durch die Einsatzbereitschaft und die Bereitschaft der Soldaten, die nach Deutschland gekommen sind, auch ihr Leben zu geben. Das dürfen Sie doch nicht vergessen.

(Günther Verheugen [SPD]: Geschichtsklitterung!)

Das ist keine Geschichtsklitterung, sondern das ist die Geschichte!

(Zuruf von der CDU/CSU: Der Zuruf ist doch unglaublich! – Hans Büttner [Ingolstadt]: Historische Klippschule ist das!)

Und, lieber Herr Kollege Verheugen, es kann jedenfalls nicht sein, daß sich alles ändert, daß die Institutionen reformiert werden, alle Nationen ihre Rolle neu bestimmen, nur die Deutschen bleiben in den Vorstellungen einer vergangenen Welt gefangen.

So werden wir die Zukunft jedenfalls nicht erfolgreich gestalten. Deutschland liefe erneut Gefahr, international Außenseiter zu werden und seinen Einfluß auf die Gestaltung der für uns lebenswichtigen Strukturen und Prozesse zu verlieren. Das hat überhaupt nichts zu tun mit deutscher Großmannssucht oder mit Vordrängen, aber sehr viel mit einer verantwortlichen Werte- und Interessenpolitik, mit dem Einsatz für den Frieden in Europa und der Welt gemeinsam mit unseren Freunden und Partnern.

Ich muß Ihnen jedenfalls sagen: Wenn Völkermord geschieht, wenn Freiheit und Humanität mit Füßen getreten werden, dann muß gehandelt werden. Das ist politisch und moralisch geboten. Wer nur reden, aber nicht handeln würde, machte sich schuldig. Wir müssen zumindest die Möglichkeit erhalten, in jedem Einzelfall zu entscheiden. Ein Kampfeinsatz bliebe immer die Ultima ratio der Politik.

Die Unterstellung, daß die Demokratien dieser Bündnisse – NATO, WEU, Politische Union Europas – in der Zukunft schrankenlosem Interventionismus Vorschub leisten, ist wirklich absurd. Wer außer Demokratien wäre denn mehr dazu geeignet, Freiheit, Humanität und Recht zu verwirklichen? Das muß ich Sie fragen.

(Beifall bei der CDU/CSU und der F.D.P.)

Lassen Sie mich – ich darf das noch sagen, weil ich die Fragen zugelassen habe – noch einmal klarstellen: Niemand will die Bundeswehr an jeden Krisenort dieser Erde schicken, schon gar nicht ich. Es gibt keinerlei Automatismus, nicht heute und nicht in der Zukunft. Deutschland wird nie allein handeln, immer mit Verbündeten und Partnern. Jeder Einzelfall wird vor dem Hintergrund unserer Werte, unserer Interessen und im Bewußtsein unserer Verantwortung vor der Geschichte abgewogen und durch dieses Parlament entschieden.

(Brigitte Baumeister [CDU/CSU]: Genau! Aber davor haben die ja Angst!)

Mit dem Vorschlag der Koalition wird Deutschland international handlungsfähig. Es bleibt glaubwürdig und berechenbar. Wir wahren die Kontinuität, und wir werden zugleich zukunftsfähig. Wir tun, was im Grunde schon jetzt ein breiter gesellschaftlicher Konsens verlangt: Wir verbinden die Lehre der Geschichte mit den Herausforderungen der Zukunft. Und genau das ist unsere Aufgabe.

Vielen Dank.

(Anhaltender Beifall bei der CDU/CSU – Beifall bei der F.D.P.)

30 Jahre
Elysée-Vertrag

Tischrede anläßlich des 30. Jahrestages der Unterzeichnung des Deutsch-Französischen Vertrages am 21. Januar 1993 in Müllheim.

»Aber die deutsch-französische Freundschaft ist ... nach wie vor Nukleus und Motor der europäischen Einigung.«

Wir feiern heute den 30. Jahrestag des Elysée-Vertrages. Der 22. Januar 1963 war ein historisches Datum. Es hat das Gesicht Europas verändert. Die deutsch-französischen Beziehungen haben eine besondere Qualität erhalten. Ich bin überzeugt: Sie werden auch die Zukunft Europas bestimmen.

Ich freue mich, daß wir an einem Ort zusammengekommen sind, an dem die deutsch-französische Partnerschaft einen besonderen Ausdruck gefunden hat: am Standort der deutsch-französischen Brigade. Ich begrüße Sie, Herr Kollege Joxe, und Ihre Delegation sehr herzlich. Und ich danke dem Brigadekommandeur, Herrn Brigadegeneral Neubauer, für seine Gastfreundschaft.

Als wir vor fünf Jahren das 25jährige Jubiläum des Elysée-Vertrages feierten, sah Europa noch ganz anders aus. Vieles hat sich seither verändert. Aber die deutsch-französische Freundschaft ist in dieser stürmischen Zeit noch fester geworden. Sie ist nach wie vor Nukleus und Motor der europäischen Einigung.

Bis tief in unser Jahrhundert hinein haben sich Franzosen und Deutsche viel Leid zugefügt. Von Charles de Gaulle aber stammt das Wort, Frankreich und Deutschland seien dazu geschaffen, einander zu ergänzen. Das war die Lehre der gemeinsamen Geschichte langer Gegnerschaft, die Europa spaltete.

Charles de Gaulle und Konrad Adenauer haben das große Werk der Versöhnung ihrer beiden Völker mit dem Elysée-Vertrag auf eine feste,

zukunftsweisende Grundlage gestellt. Bei aller Skepsis, die dem Vertrags-
werk damals entgegengebracht wurde – die Selbstverständlichkeit der
lebendigen deutsch-französischen Freundschaft heute spricht für seinen
großartigen Erfolg.

Der 30. Jahrestag des Elysée-Vertrages fällt in eine wechselvolle Zeit des
Umbruchs. Die Vision des ganzen, vereinten Europas ist greifbar. Das
Europa der »Zwölf« schließt sich politisch und ökonomisch zusammen.
Zugleich tauchen aber neue Risiken auf. Der Frieden auf unserem Konti-
nent ist mit dem Ende des Ost-West-Konfliktes keineswegs sicherer
geworden.

Die Zukunft Europas hängt entscheidend davon ab, daß wir uns den
Staaten Mittel- und Osteuropas öffnen. Ihre gewaltigen Probleme berühren
uns nach dem Fall des Eisernen Vorhangs unmittelbar. Wir alle wissen, daß
nach der Überwindung politisch-ideologischer Gräben jetzt der Wohl-
standsgraben zwischen Ost und West in Europa zugeschüttet werden muß.
Friede, Stabilität und Wohlstand wird uns allen verwehrt bleiben, wenn es
Teilen unseres Kontinents auf Dauer schlecht geht. Vertiefung und Erweiterung der Gemeinschaft müssen parallele Prozesse sein.

Für diese gewaltige Aufgabe und für die weltweiten politischen, ökono-
mischen und sicherheitspolitischen Herausforderungen muß Europa seine
Kräfte bündeln. Wir brauchen den Zusammenschluß aller auf Demokratie
und Marktwirtschaft gegründeten Nationen des Kontinents. Dabei gilt:
Wer politisch und wirtschaftlich zusammengehört, muß auch die äußere
Sicherheit als Gemeinschaftsaufgabe begreifen.

Auch dafür haben Frankreich und Deutschland die Richtung gewiesen.
Mit der Aufstellung der deutsch-französischen Brigade und der Einrich-
tung des deutsch-französischen Sicherheits- und Verteidigungsrates haben
Präsident Mitterand und Bundeskanzler Kohl 1988 fortgesetzt, was mit
dem Elysée-Vertrag begonnen wurde. In dieser Kontinuität waren unsere
beiden Länder die Wegbereiter von Maastricht.

Frankreich und Deutschland gehen diesen Weg mit dem Euro-Korps
konsequent weiter. Über diesen großen gemeinsamen Erfolg bin ich sehr

froh. Wir haben den Kern europäischer Streitkräfte geschaffen. Und wir haben den europäischen Pfeiler der Nordatlantischen Allianz gestärkt, die ein festes Fundament auf beiden Seiten des Atlantiks braucht.

Ich möchte Ihnen, Monsieur Joxe, und Ihren Mitarbeitern für die ausgezeichnete Zusammenarbeit, mit der wir die Verhandlungen zu einem schnellen Erfolg geführt haben, sehr herzlich danken. Ich bin gewiß, weitere Mitgliedsstaaten der WEU werden dem Beispiel folgen und Streitkräfte für das Euro-Korps bereitstellen.

Seit wenigen Tagen ist ein belgischer Offizier in Straßburg. Spanien und Luxemburg werden in Kürze ebenfalls Beobachter in den Aufstellungsstab entsenden. Am Ende des Weges wird eine gemeinsame europäische Sicherheitspolitik und Verteidigung stehen — unter Einschluß aller unserer europäischen Nachbarn und in vertrauensvoller Partnerschaft mit Nordamerika.

Mit dem Gipfel in Edinburgh sind die Weichen für das Europa von Maastricht gestellt. Gemeinsam werden wir diesen Prozeß zügig vorantreiben. Im Einklang mit unseren vertraglichen Verpflichtungen aus WEU und NATO gehen wir dabei mit unserer sicherheitspolitischen Zusammenarbeit mit gutem Beispiel voran.

Wir bauen weiter auf unsere feste Freundschaft, auf unsere vertrauensvolle, erfolgreiche Zusammenarbeit, auf unsere Streitkräfte und auf ein vereintes, starkes und friedliches Europa.

Polen und Deutschland — Partner im neuen Europa

Tischrede gelegentlich eines Essens zu Ehren des polnischen Verteidigungsministers Janusz Onyszkiewicz am 25. Januar 1993 in Bonn.

»Deutschland und Polen sind heute bereits Sicherheitspartner.«

Noch vor wenigen Jahren war der Besuch eines polnischen Verteidigungsministers in Deutschland ein besonderes Ereignis. Heute ist das fast schon politische Normalität. Aber geschäftsmäßige Routine sind solche Besuche noch nicht. Denn unsere Länder und ganz Europa befinden sich in einem Übergangsprozeß ohnegleichen.

Zbiegniew Brzezinski hat vor kurzem in einem Interview geäußert, daß Polen von allen Staaten des ehemaligen Ostblocks am weitesten auf dem Weg zur Marktwirtschaft vorangekommen ist. Ich kann dem nur beipflichten. Noch als CDU-Generalsekretär konnte ich bei meinem Besuch im August 1991 sehr ermutigende Eindrücke vom gesellschaftlichen und wirtschaftlichen Fortschritt in Ihrem Lande gewinnen.

Wir Deutsche sind nicht nur Beobachter dieser Entwicklung, wir machen vergleichbare Erfahrungen. Wir wissen selbst, wie schwierig es ist, eine sozialistische Kommandowirtschaft in eine funktionierende Marktwirtschaft umzuformen.

Polen hat als erstes Land im ehemaligen Ostblock den Kommunismus besiegt. Ihr Land hat den Anstoß gegeben für das Ende des Ost-West-Konflikts und die Überwindung der schmerzlichen Teilung Europas. Ohne den Streik auf der Lenin-Werft in Danzig im Jahre 1980, ohne Solidarnocs und den Mut zu demokratischen Reformen, ohne Ihren unbeugsamen Freiheitswillen sähe das Gesicht Europas heute anders aus.

Der Drang zur Freiheit ist unbesiegbar. Aber die Kräfte der Unfreiheit geben sich selten kampflos geschlagen. Wandel ohne Krieg in Mitteleuropa war nicht selbstverständlich. Heute wissen wir aus den Archiven, welcher

Bedrohung gerade Polen seit 1980 durch seine sogenannten Bruderstaaten ausgesetzt war.

Das polnische Volk ist nicht zurückgewichen. Es hat den Reformprozeß mutig vorangetrieben und zum Erfolg geführt. Dafür verdient es den Respekt aller Europäer und den besonderen Dank des deutschen Volkes. Sie, Herr Kollege, hatten selbst großen persönlichen Anteil an diesen Entwicklungen.

Der revolutionäre Wandel hat Deutschland die Einheit in Freiheit und Polen Demokratie und Unabhängigkeit gebracht. Beide Staaten sind heute Teil eines Europas, das – trotz vielfältiger Risiken und schrecklicher Kriege – auf der Basis gemeinsamer Werte zusammenwächst.

Das deutsch-polnische Verhältnis kannte Licht und Schatten. Deutsche und Polen haben eine große gemeinsame Geschichte. Aber wir haben uns auch viel Leid zugefügt. Der Zweite Weltkrieg begann mit dem verbrecherischen Überfall Deutschlands auf Ihr Land. Er endete mit der Vertreibung von Millionen Deutschen. Das ist Vergangenheit. Heute prägen Aussöhnung, gute Nachbarschaft und Partnerschaft das Verhältnis unserer Völker.

Der Grenzvertrag und der Vertrag über gute Nachbarschaft und freundschaftliche Beziehungen sind eine gute und zukunftsorientierte Grundlage für eine gemeinsame Zukunft. Politische und wirtschaftliche Kooperation, Kulturaustausch, Zusammenarbeit der Grenzregionen, gemeinsame Maßnahmen im Umweltschutz und das neu gegründete Jugendwerk erfüllen unsere Zusammenarbeit mit Leben. Gerade der Austausch der jungen Generation läßt das Bewußtsein der Zusammengehörigkeit über Grenzen hinweg entstehen, die uns nicht mehr trennen, sondern verbinden.

Gegenseitiges Verständnis und Toleranz für nationale Besonderheiten stärken den Prozeß der europäischen Integration. Darum soll der Kontakt zwischen jungen Wehrpflichtigen ein besonderes Element in den Beziehungen zwischen unseren Streitkräften sein.

Für unser Europa der Zukunft sind die Entwicklungen im Zentrum, in Mitteleuropa, von besonderer Bedeutung. Die deutsch-polnischen Beziehungen besitzen dafür eine ähnliche Schlüsselfunktion wie die deutsch-französischen. Deutschland und Polen haben entscheidend zum gemeinsamen Erbe Europas beigetragen. Auch für die Zukunft Europas in Frieden, Freiheit und Wohlstand werden wir wichtige Beiträge leisten.

Nach dem Sieg der Demokratie müssen wir in gemeinsamer Anstrengung auch die Wohlstandsgräben zwischen Ost- und Westeuropa überwinden. Nur so wird der politische Fortschritt unumkehrbar. Als größter Wirtschaftspartner Osteuropas haben wir Deutsche eine besondere Verantwortung.

Deutschland wird in Kürze das Assoziierungsabkommen der Europäischen Gemeinschaft mit Polen und seinen Partnern ratifizieren. Assoziierung und Kooperation sind wichtige Schritte auf dem Weg zur vollen Mitgliedschaft, die Polen anstrebt. Wir unterstützen diesen Wunsch und werden ihn nach Kräften fördern.

Zur politischen und wirtschaftlichen Integration gehört auch die gemeinsame Sicherheit. In vielerlei Hinsicht ist die Sicherheit Polens mit der Deutschlands verknüpft. Das gilt für die Risiken und Konfliktherde im Osten des Kontinents wie auch für die globalen Herausforderungen. Kein Land kann seine Sicherheit allein gewährleisten.

Integration und Kooperation sind auch in der Sicherheitspolitik die Schlüsselworte der Zukunft. Die neue polnische Verteidigungsdoktrin bringt den Wunsch Polens nach voller Einbindung in die euro-atlantische Sicherheitsarchitektur deutlich zum Audruck. Wir wollen Ihrem Lande helfen, schrittweise die notwendigen Voraussetzungen dazu zu schaffen.

In der Welt von morgen ist politisches Miteinander gefordert, wird die unteilbare Verantwortung bei der Bewältigung künftiger Herausforderungen im Vordergrund stehen. Hierfür könnte auch ein gemeinsames deutsch-polnisches Engagement bei Blauhelm-Aktionen der Vereinten Nationen Ausdruck sein.

Die Ausdehnung der Kontakte zwischen der polnischen Armee und der Bundeswehr dient unseren gemeinsamen politischen Zielen. Ich freue mich, daß wir hier ein gutes Stück vorangekommen sind und dies in der Vereinbarung, die wir gleich unterzeichnen werden, deutlich zum Ausdruck bringen. Kooperation der Streitkräfte verdeutlicht immer in besonderer Weise den Willen zur politischen Gemeinsamkeit. Diesen Weg wollen wir weiter gehen.

Deutschland und Polen sind heute bereits Sicherheitspartner, die zusammengehören. Wir sind Ihr Bundesgenosse auf Ihrem Weg in die europäische Integration.

Europa vor neuen Horizonten

Vortrag auf dem Harvard-London-Forum über amerikanisch-europäische Beziehungen am 26. Januar 1993 in London.

»Die Atlantische Allianz darf keine ›geschlossene Gesellschaft‹ sein.«

I.

Europa befindet sich in einer Phase tiefgreifender Veränderungen. Neue Horizonte eines künftigen Europas sind erkennbar – teils in der Sonne beispielloser Chancen und Hoffnungen, teils im Schatten von Unwägbarkeiten und neuen Risiken.

Wir haben die politische Teilung unseres Kontinents überwunden, aber die akuten Fragen zur Gestaltung unserer Zukunft sind noch nicht beantwortet. Die anfängliche Begeisterung für den Umbruch in Europa ist einem Gefühl der Unsicherheit vor den Konsequenzen dieser grundlegenden Veränderungen gewichen. Das politische Erdbeben, das Europa so grundlegend verändert hat, hat die Ost-West-Konfrontation beendet. Der Osten hat sich geöffnet, und wir müssen jetzt – ob wir wollen oder nicht – offen sein für alles, was aus dem Osten kommt.

Die ehemalige Sowjetunion hatte ihr Imperium jahrzehntelang gegenüber dem Westen abgeschottet. Eine militärische Zwangsjacke hielt den sowjetischen Herrschaftsbereich mit allen seinen politischen, sozialen, wirtschaftlichen, nationalen und ethnischen Spannungen zusammen. In unbeabsichtigter Folge hielt dieser Würgegriff aber auch die Probleme des Ostens vom Westen fern.

Der westliche Teil Europas konnte sich zu einer Zone wirtschaftlicher und politischer Stabilität entwickeln und sich bereits der Früchte unserer künftigen Friedensordnung in Europa erfreuen. Unsere Nachbarn im Osten, die auch zur Familie der europäischen Völker gehören, waren jedoch von Freiheit und Wohlstand ausgeschlossen.

Das Joch im Osten ist abgeworfen. Jetzt erreichen auch uns die gigantischen Probleme, die dort immer noch auf Lösungen warten. Die Veränderungen im Osten haben damit auch die Bedingungen geändert, unter denen wir im Westen Politik machen.

Wir sind uns der revolutionären Dimension dieser Entwicklung noch nicht genügend bewußt – weder in ihren Risiken noch in ihren Chancen. Was irgendwo in Europa geschieht, betrifft nunmehr Europa als Ganzes. Es wird dem Westen Europas auf Dauer nicht gut gehen, wenn es dem Osten Europas schlecht geht.

Wir haben zwar die politische Trennung Europas überwunden, doch der Kontinent ist noch geteilt in Zonen stabiler und instabiler Ordnung, in Zonen des Wohlstands und der Armut, in Zonen des Friedens und in Zonen bewaffneter Auseinandersetzungen. Europa bebt unter der Spannung von Integration und Fragmentierung. Aber eine Koexistenz von Stabilität und Instabilität ist nicht möglich.

In dieser komplexen Gemengelage durchlaufen die euro-atlantischen Institutionen einen grundlegenden Reformprozeß, um die neuen Herausforderungen bewältigen zu können. Diese Entwicklung wird auch durch politische Forderungen nach gegenseitiger Komplementarität dieser Institutionen geprägt. Es steht außer Frage, daß Nordamerika an diesem Prozeß teilhat. Es steht ebenso außer Frage, daß dieser Prozeß in einen globalen Bezug zu stellen ist.

Gleichzeitig aber definieren die Hauptakteure – d.h. die Vereinigten Staaten, Großbritannien, Frankreich und Rußland – ihre nationalen Positionen neu, um sich dem dramatischen internationalen Wandel anzupassen. Dies gilt aber auch für das wiedervereinigte Deutschland, das jetzt seinen künftigen Kurs in der Außen- und Sicherheitspolitik abstecken muß.

II.

Die künftige Politik der Vereinigten Staaten ist in diesem Prozeß der Neuorientierung eine entscheidende Bestimmungsgröße. Die ersten Umrisse
der Außen- und Sicherheitspolitik der neuen Clinton-Administration sind
erkennbar. Amerika wird Weltmacht bleiben. Dafür ist aber innenpolitisch
die Reform des Wirtschafts- und Sozialsystems Voraussetzung und vorran-
giges Gebot.

Dennoch kann sich Amerika außenpolitisch nicht untätig verhalten und
Zeit lassen – nicht einmal kurzfristig. Die neue Administration wird sich
mit Tatkraft dem internationalen Krisenprozeß stellen. Vielleicht wird sie
sich dabei in einigen wichtigen Fragen anders verhalten als die Bush-
Administration. Die USA haben aber keine Wahl: Sie müssen sich den Herausforderungen einer konfliktbeladenen Welt stellen, die der Führung
bedarf, auch wenn sie für eine globale Rolle und für neue Herausforderungen nur begrenzte Ressourcen haben.

Alte Begründungsmuster werden daher auch und gerade in der amerikanischen Sicherheitspolitik hinterfragt – das gilt beispielsweise für die politische und strategische Rolle der US-Streitkräfte in Europa. Signifikante
amerikanische Streitkräfte in Europa nur zur Rückversicherung gegen den
unwahrscheinlichsten Fall, einen großangelegten Angriff aus dem Osten,
werden vom neuen amerikanischen Verteidigungsminister Les Aspin als
strategischer Luxus betrachtet. Nach seiner Auffassung haben die amerikanischen Streitkräfte heute drei wichtige Funktionen zu erfüllen. Sie
müssen in der Lage sein

○ zum Einsatz in jedem Teil der Welt, in dem vitale nationale Interessen
   auf dem Spiel stehen – wie im Golfkrieg;
○ zur regionalen Intervention in der westlichen Hemisphäre, wann immer
   Recht und Gesetz gefährdet sind; und
○ zur Durchführung von humanitären Operationen – sei es allein und
   unabhängig oder im multinationalen Rahmen.

Die Präsenz US-amerikanischer Truppen als stabilisierender Faktor in
Europa kommt dabei nicht vor. Ich nehme an, daß Amerika in Europa

auf Dauer wohl nur dann militärisch präsent bleiben wird, wenn seine Truppen neben der politischen Aufgabe, hier amerikanischen Einfluß zu sichern, gemeinsam mit den Streitkräften seiner Verbündeten innerhalb und außerhalb Europas eingesetzt werden können. Die US-Streitkräfte in Europa wären dann ein Faktor einer Koalitionsstrategie ohne regionale Einschränkungen.

Vor diesem Hintergrund sehe ich neue Fragestellungen auf uns zukommen, auf die wir Europäer rasch eine Antwort geben müssen:

o Welche Rolle und Bedeutung hat aus europäischer Sicht die US-Präsenz in Europa? Wie sehen wir die strategische Rolle amerikanischer und europäischer Streitkräfte im kooperativen Krisenmanagement im Bündnis, in der KSZE und in den Vereinten Nationen?

o Welche Aufgaben fallen in Zukunft der NATO zu, und wie gestaltet sich das Verhältnis der NATO zur WEU?

o Welches sind die Auswirkungen der vertieften und erweiterten europäischen Integration und der transatlantischen Partnerschaft? Und wie ist eine koordinierte Strategie zur Stabilisierung und Entwicklung Mittel- und Osteuropas anzulegen?

III.

Wirtschafts- und Sicherheitspolitik sind eng miteinander verflochten. Eine erfolgreiche Sicherheitspolitik schafft die Voraussetzungen für den politischen, wirtschaftlichen und sozialen Fortschritt. Eine starke Wirtschaft ist eine wesentliche Bedingung für die Sicherheit unserer Staaten. Und gute Handelsbeziehungen zwischen den Staaten sind ein wichtiger Faktor internationaler Stabilität. An die Stelle der Eindämmungspolitik, die in der Zeit des Kalten Krieges gegenüber den Staaten des Warschauer Paktes praktiziert wurde, tritt nunmehr eine Politik politischer und wirtschaftlicher Zusammenarbeit und Entwicklung.

Die Märkte in Osteuropa müssen neu belebt werden. Die Staaten dort sind unsere natürlichen Handelspartner. Vor dem Zweiten Weltkrieg ging ein

Drittel aller westeuropäischen Exporte nach Osteuropa. Mehr als die Hälfte aller osteuropäischen Importe kamen aus dem Westen. Gesunde Handelsbeziehungen zwischen Ost und West sind nicht nur eine Frage gegenseitiger Wirtschaftsinteressen – sie sind auch ein Faktor politischer und militärischer Stabilität.

Auch Südeuropa ist im Vergleich zu Osteuropa »Westen«. Ein Teil des Kapitals und des Know-how, der innerhalb der Europäischen Gemeinschaft von Norden nach Süden fließt, muß daher nach Osten umgelenkt werden. Dies ist von entscheidender Bedeutung nicht nur für Europa, sondern auch für Nordamerika und Japan. Unsere wichtigste Investition in die Stabilität und Sicherheit muß der Stabilisierung des politischen und wirtschaftlichen Reformprozesses in Mittel- und Osteuropa dienen. Dem G-7-Mechanismus kommt dabei eine wichtige Rolle zu.

Die Überwindung des Wohlstandsgrabens in Europa ist für eine sichere Zukunft unseres Kontinents unerläßlich. Dies kann und darf nicht allein Aufgabe der Deutschen sein. Deutschland kann nicht die Rechnung für die wirtschaftliche Gesundung Osteuropas allein bezahlen und gleichzeitig die überwältigende Zahl der Wirtschaftsflüchtlinge und Opfer aus den Krisengebieten aufnehmen. Jeder muß seine Aufgaben und seine Verantwortung übernehmen und einen fairen Anteil an den Lasten tragen.

Als Deutscher weiß ich sehr wohl, was das bedeutet. Wir erfahren selbst, was es heißt, eine sozialistische Planwirtschaft in eine funktionierende soziale Marktwirtschaft umzuwandeln. In Deutschland ist ein allgemeiner Konsens für eine große nationale Anstrengung notwendig, um die ungeheure Aufgabe des Wiederaufbaus im östlichen Teil unseres Landes zu meistern. Alle politischen, wirtschaftlichen und sozialen Gruppen in unserem Lande müssen dazu ihren Beitrag leisten. Das Stichwort unserer derzeitigen Innenpolitik lautet »Solidarpakt«.

Dieser Solidarpakt hat Priorität in der deutschen Innenpolitik. Er könnte als Beispiel für die Priorität der wirtschaftlichen Entwicklung Osteuropas dienen. Was wir brauchen, ist ein »europäischer Solidarpakt«. Aus politischen, wirtschaftlichen und strategischen Gründen muß unsere Westeuropapolitik durch eine Osteuropapolitik ergänzt werden. Unsere Nachbarn im

Osten müssen die Zuversicht haben, daß ihre Zukunft in der Europäischen Gemeinschaft liegt.

IV.

Die europäische Integration zu vertiefen und gleichzeitig zu erweitern — das ist eine vorrangige Aufgabe unseres politischen Handelns. Die Entwicklung einer dazu passenden Sicherheitsstruktur, die die Vereinigten Staaten einschließt, ist die andere. Das sind die großen Aufgaben, die vor uns liegen.

Die NATO ist die einzige transatlantische Institution, die wirklich handlungsfähig ist und die sich praktisch bewährt hat. Die NATO ist auch für neue Aufgaben geeignet. Das Bündnis ist unbestreitbar das stärkste Bindeglied zwischen Europa und Nordamerika.

Die Vereinigten Staaten sind nicht nur eine atlantische, sondern auch eine pazifische Macht. Wenn sie aber ihren Blick in Richtung Pazifik lenken — mit welchem Staat haben sie dort gemeinsame Werte und gemeinsame vitale Interessen? Und könnten die Amerikaner wirklich sicher sein, im Ernstfall dort Verbündete zu finden, die an ihrer Seite kämpfen? Es besteht kein Zweifel, daß die Lagebeurteilung für Europa nicht anders ausfällt: Heute und morgen steht Europa an der Seite Amerikas.

Es ist deshalb auch kaum bemerkenswert, daß in Europa heute — ganz anders als in den 80er Jahren — niemand die Auflösung der NATO fordert, nicht einmal ihre ehemaligen Gegner. In der Meinung der Deutschen erfreut sich die NATO einer wesentlich höheren Zustimmung als noch vor drei Jahren.

Dies sagt jedoch nichts über die Zukunft der NATO aus. Die neuen Risiken und Herausforderungen lassen keine Wahl. Wir müssen den strategischen Gehalt der Allianz und ihre Rolle im internationalen politischen System neu bestimmen.

Das Atlantische Bündnis hat seine politische Innovationskraft bereits unter Beweis gestellt und sich tatkräftig bemüht, das sicherheitspolitische

Vakuum, das nach dem Zusammenbruch des Warschauer Paktes entstanden ist, zu füllen. Wir dürfen die mittel- und osteuropäischen Staaten nicht aus den euro-atlantischen Sicherheitsstrukturen ausschließen. Osteuropa darf kein »konzeptionelles Niemandsland« sein. Ich vermag keinen vernünftigen Grund zu erkennen, warum man künftige Mitglieder der Europäischen Union grundsätzlich von der NATO-Mitgliedschaft ausschließen sollte. Die Atlantische Allianz darf keine »geschlossene Gesellschaft« sein.

In der neuen Weltordnung ist keine Zeit für Leerlauf, nicht einmal für eine Atempause. Im Gegenteil — die Herausforderungen sind zahlreicher und viel komplexer geworden. Das neue Risikospektrum für unsere Sicherheit verlangt, daß die Nationen beiderseits des Atlantik eine neue gemeinsame Strategie für die Herausforderungen der Zukunft entwickeln.

Der europäische Selbstfindungsprozeß, der Europa eine entscheidende regionale, aber auch globale Handlungsfähigkeit verleihen wird, korrespondiert mit der noch nicht abgeschlossenen Neubestimmung der amerikanischen Politik und Strategie. Dieser Prozeß wird noch weiter verzögert, wenn wir jetzt nicht offen über die bestimmenden Faktoren unserer gemeinsamen Zukunft sprechen. Mitunter scheinen wir in einer Beziehungsfalle gegenseitiger Fehleinschätzungen gefangen zu sein. Wechselseitige Mißdeutungen können wir uns aber nicht leisten.

Die Qualität der neuen Herausforderungen verlangt die Bündelung aller verfügbaren Ressourcen, und dies schließt gemeinsame intellektuelle Anstrengungen der politischen Eliten unserer Länder ein.

Wir brauchen eine erneuerte euro-atlantische Partnerschaft, eine Partnerschaft von Gleichen. Damit wird eine neue Teilung von Aufgaben und Lasten einhergehen müssen. Europa muß mehr für die Wahrung seiner eigenen Sicherheitsinteressen leisten. Voraussetzung dafür ist die Einigung Europas, d.h. die Schaffung einer ökonomischen, sozialen und politischen Union.

Deutschland trägt für diesen Prozeß eine besondere Verantwortung: ohne Deutschland gibt es kein vereinigtes Europa, ohne Deutschland kann Europa keine hinreichende ökonomische Kraft für die wirtschaftliche

Gesundung des Ostens aufbringen. Ohne Deutschland sind NATO und WEU nicht handlungsfähig. Deutschland muß also weiter ein starker und verläßlicher Bündnispartner sein.

Wenn wir uns jetzt nicht unseren neuen Aufgaben stellen, wird das von unseren Alliierten zu Recht als Diskontinuität unseres Bündnisverhaltens empfunden. Entsprechende Entwicklungen in Deutschland widersprächen unseren vitalen Sicherheitsinteressen und dem Grundsatz der Bündnissolidarität. Solche Entwicklungen schaden dem Ansehen Deutschlands und der Zuverlässigkeit der deutschen Außen- und Sicherheitspolitik. Ich kämpfe mit allem Nachdruck gegen solche politischen Entwicklungen in meinem Land, und ich hoffe wirklich, daß keine falschen Perzeptionen entstehen.

In diesem Zusammenhang möchte ich betonen, daß wir im Verlaufe des letzten Jahres wichtige Entscheidungen getroffen haben:

o Deutschland hat ein Militärkontingent nach Kambodscha entsandt, das den dortigen Truppen der Vereinten Nationen sanitätsdienstliche Unterstützung gewährt;

o Deutschland unterstützt die Überwachung des Embargos der Vereinten Nationen gegen das ehemalige Jugoslawien mit einem Zerstörer und Seefernaufklärern;

o die deutsche Luftwaffe fliegt humanitäre Hilfseinsätze nach Sarajevo und Split;

o die deutsche Luftwaffe wurde angewiesen, falls erforderlich, die Zahl ihrer Flüge zur humanitären Unterstützung Somalias zu vervierfachen; und

o die Bundesregierung hat den Vereinten Nationen offiziell angeboten, für die Operation UNOSOM II ein deutsches Militärkontingent von etwa 1 500 Mann zur Verfügung zu stellen.

Diese Entscheidungen sind erste Schritte in einem Prozeß. Er wird in der deutschen Öffentlichkeit auch zu einem größeren Maß an Akzeptanz für eine deutsche Beteiligung an derartigen Operationen führen. Die größere Zustimmung für die neuen Aufgaben der Bundeswehr ist das Ergebnis eines wachsenden Verständnisses für die Chancen und Risiken, die unsere Sicherheit bestimmen.

Es ist von entscheidender Bedeutung, daß wir unsere Streitkräfte so umstrukturieren, daß sie ihre neuen Aufträge bei der Friedenssicherung und Friedensdurchsetzung, beim Krisen- und Konfliktmanagement unter den grundlegend veränderten Bedingungen erfüllen können. Die Bundeswehr hat einen klar umrissenen neuen Auftrag, der für die deutschen Streitkräfte einen Prozeß dramatischer Veränderung bedeutet und der zu einer neuen Struktur, einer neuen strategischen Ausrichtung und zu einem neuen Selbstverständnis führen wird.

Die Bundesregierung hat am 15. Januar dieses Jahres eine Gesetzesvorlage in das Parlament eingebracht, die die Verfassungsbestimmungen über den Einsatz unserer Streitkräfte klarstellt. Durch diese Ergänzung unseres Grundgesetzes wird es möglich sein, unserer internationalen Verantwortung in jeder Beziehung gerecht zu werden — im Rahmen der Vereinten Nationen und der Atlantischen Allianz und ohne regionale Beschränkungen.

Die Lehren der Geschichte und die künftigen Herausforderungen verlangen einen Ansatz, der uns handlungsfähig macht und zugleich uns und anderen die Versicherung gibt, daß Deutschland nie alleine handelt wird. Wir wahren die Kontinuität unserer Politik und werden zugleich zukunftsfähig.

Eine neue Ära
der euro-atlantischen Beziehungen

Rede bei der Konrad-Adenauer-Stiftung Washington am 17. Februar 1993 in Washington.

»Wir können auf die festen Bindungen zwischen Europa und Nordamerika bauen.«

I.

Ich bin sehr dankbar für diese Gelegenheit, Ihnen meine Gedanken über die aktuellen politischen Entwicklungen vorstellen zu können, die einen zweifachen Ansatz erfordern: In den transatlantischen Beziehungen müssen wir die auf gemeinsamen Werten und Interessen basierende Kontinuität bewahren – und wir müssen die drängenden Fragen unserer Zeit angemessen beantworten. Die amerikanischen Wahlen haben eindeutig gezeigt: Die Stichworte sind Kontinuität und Wandel.

In Europa vollzieht sich ein tiefgreifender Wandel. Die Konturen des künftigen Europas sind sichtbar – teils im Lichte ungeahnter Möglichkeiten und Erwartungen, teils im Schatten der Ungewißheit und neuer Risiken.

Zwar haben wir die politische Teilung Europas überwunden, aber unsere Fragen an die Zukunft sind noch nicht beantwortet. Die Begeisterung über die Umwälzung in Europa wird zum Teil durch Gefühle der Verunsicherung über die Folgen überschattet.

Der amerikanische Dichter John Updike hat dies überzeugend mit den Worten ausgedrückt: »An old world is collapsing and a new world arising; we have better eyes for the collapse than for the rise, for the old one is the world we know.«

II.

Durch den politischen Umbruch, der das Gesicht Europas verändert hat, wurde auch der frühere Ost-West-Konflikt hinweggefegt. Jahrzehntelang schottete die Sowjetunion ihr Imperium ab. Jetzt hat der Osten sich dem Westen geöffnet.

Als Folge davon werden wir mit all den gigantischen Problemen konfrontiert, die bisher im Schatten der Mauer lagen, jedoch immer noch auf eine Lösung warten. Ob wir wollen oder nicht: Wir müssen uns jetzt mit alledem auseinandersetzen, was aus dem Osten auf uns zukommt.

Die Veränderungen im Osten haben auch die Vorgaben für die Politik in der euro-atlantischen Gemeinschaft verändert. Die revolutionäre Dimension dieser Entwicklung begreifen wir erst allmählich. Wir sind uns noch nicht voll der darin liegenden Möglichkeiten, aber auch nicht der damit verbundenen Risiken bewußt.

Was auch immer in Europa geschieht, es wird seine Auswirkungen auf ganz Europa haben. Auf lange Sicht kann es dem Westen Europas nicht gut gehen, wenn es dem Osten schlecht geht.

Obwohl wir die politische Teilung Europas überwunden haben, ist unser Kontinent noch immer getrennt – in verschiedene Zonen der Stabilität und Instabilität, des Wohlstandes und der Armut, in Zonen des Friedens und der bewaffneten Konflikte. Europa steht im Spannungsfeld zwischen Integration und Zersplitterung. Aber Stabilität und Instabilität können nicht koexistieren.

In dieser schwierigen Lage ist kein Platz für einfache Lösungen. Und kein Land kann die Herausforderungen im Alleingang meistern. Europa muß seine Ressourcen mit der Stärke und Führungskraft Amerikas vereinigen.

III.

In dieser Phase der Umorientierung gehört die künftige Politik der Vereinigten Staaten zu den entscheidenden Determinanten. Erste Umrisse der künftigen amerikanischen Außen- und Sicherheitspolitik zeichnen sich bereits ab.

Soweit erkennbar, wird sie auf drei sich ergänzenden und verstärkenden Pfeilern ruhen: Militärische Stärke zur Erfüllung eines breiten Spektrums militärischer Aufträge, Förderung von Demokratie und Wirtschaftswachstum. In dieser Konzeption werden die innenpolitischen Fragen — die innere Modernisierung der Vereinigten Staaten und wirtschaftliches Wachstum — offensichtlich Priorität haben.

Dies ist jedoch sowohl für Amerika als auch für Europa außenpolitisch von Bedeutung. Um seinen Verpflichtungen als einzig verbliebene Weltmacht gerecht werden zu können, sind die Vereinigten Staaten auf eine prosperierende und effiziente Volkswirtschaft angewiesen. Andererseits gilt: Angesicht einer Rezession braucht auch Europa eine neue wirtschaftliche Dynamik.

Doch gibt es für die neue US-Regierung keine Atempause in der internationalen Politik. Von Anfang an muß sie sich den Herausforderungen einer freieren, aber weniger stabilen Welt stellen — in Europa, ebenso wie in Asien, Afrika und Amerika. Die ersten öffentlichen Verlautbarungen der Regierung Clinton decken sich mit unseren eigenen Analysen. Amerikaner und Europäer müssen eine neue Strategie zum Schutz unserer lebenswichtigen Interessen entwickeln und die Grundlagen für eine gerechtere und stabilere Welt schaffen.

Diese Strategie muß den Umwälzungen gerecht werden, die die Zeit nach dem Ende des Kalten Krieges kennzeichnen: dem Aufbrechen lange unterdrückter ethnischer, religiöser und regionaler Konflikte und dem Entstehen neuer Sicherheitsrisiken durch die Verbreitung moderner Massenvernichtungswaffen und Waffentechnologien.

Qualitativ anders, aber nicht weniger wichtig sind die neuen und alten Herausforderungen im Bereich der Menschenrechte, einschließlich des Schutzes ethnischer Minderheiten. Die Verbreitung von Massenvernichtungswaffen, regionale Konflikte und mögliche Rückschläge beim Demokratisierungsprozeß in Osteuropa – das sind die sicherheitspolitischen Herausforderungen, die wir heute meistern müssen.

Der Konflikt im früheren Jugoslawien ist nur das erste und hervorstechendste Beispiel für einen neuen Typus von Konflikten, mit dem wir es zu tun haben werden. Jugoslawien lehrt nicht nur, daß der Krieg nach Europa zurückgekehrt ist. Die fatale Lehre könnte sein, daß Aggression erfolgreich ist und daß kleinere Staaten nur überleben können, wenn sie hoch gerüstet sind, was zu regionalen Rüstungswettläufen in Europa führen würde. Jugoslawien zeigt: Kurze Zeit nach Beendigung des Kalten Krieges hatten wir keine effizienten Instrumente zur Abschreckung solcher regionalen Konflikte.

Was wir jetzt brauchen, ist ein gemeinsamer politischer Ansatz. Das Ziel muß eine dauerhafte und stabile Friedensordnung sein. Das gilt auch für den Einsatz von Streitkräften. Jedes militärische Eingreifen muß mit einer klaren politischen Zielsetzung verbunden und begründet werden. Deshalb gilt es, das Momentum des Vance-Owen-Plans aufrechtzuerhalten.

Wir müssen uns unangenehmen Wahrheiten stellen und zukunftsweisende Entscheidungen treffen. Wir können es uns nicht leisten, militärische Mittel allein für den unwahrscheinlichsten Fall bereitzustellen: Wir können uns nicht den »strategischen Luxus« leisten, uns militärisch allein auf die großangelegte Aggression, die den Kalten Krieg bestimmte, vorzubereiten.

Wir müssen jetzt unsere Institutionen, unsere politischen Grundsätze und Strategien der veränderten Lage anpassen. Dabei sehe ich neue Fragen auf uns zukommen, die wir auf beiden Seiten des Atlantiks schnell zu beantworten haben werden:

o Welche Rolle und Aufgabe hat die militärische Präsenz der USA in Europa aus europäischer Sicht? Welche strategische Rolle sollen diese Streitkräfte und die europäischen Streitkräfte bei der gemeinsamen Krisenbewältigung im Rahmen der Allianz, der KSZE und der Vereinten Nationen spielen?

o Welche Verpflichtungen soll die NATO in Zukunft haben, und wie soll die Beziehung der NATO zur Westeuropäischen Union aussehen?

o Welche Auswirkung wird die Vertiefung und Erweiterung des europäischen Einigungsprozesses und der transatlantischen Partnerschaft haben? Und wie sollen wir eine abgestimmte Strategie zur Stabilisierung und Entwicklung der mittel- und osteuropäischen Staaten gestalten?

IV.

Politische Stabilität und wirtschaftlicher Wohlstand sind eng miteinander verknüpft. Die derzeitige Lage in Osteuropa belegt einmal mehr diese Erfahrung.

Eine erfolgreiche Sicherheitspolitik schafft die Voraussetzungen für politischen, wirtschaftlichen und sozialen Fortschritt. Starke Volkswirtschaften sind für die Sicherheit unserer Staaten unabdingbar. Und gute Handelsbeziehungen zwischen den Staaten sind ein wichtiges Element internationaler Stabilität.

Die im Ost-West-Konflikt gegenüber den Staaten des Warschauer Paktes angewandte »Eindämmungspolitik« wird heute durch eine Politik politischer und wirtschaftlicher Kooperation und Entwicklung ersetzt. Im Kalten Krieg verfochten wir das Recht auf Ausreise. Jetzt müssen wir die Bedingungen schaffen, daß die Menschen bleiben können.

Die Märkte Osteuropas müssen wiederbelebt werden. Diese Staaten sind unsere natürlichen Handelspartner. Vor dem Zweiten Weltkrieg ging ein Drittel aller westeuropäischen Ausfuhren nach Osteuropa. Über die Hälfte aller osteuropäischen Einfuhren kamen aus dem Westen.

Gesunde Handelsbeziehungen zwischen Ost und West sind nicht nur eine Sache gegenseitiger wirtschaftlicher Interessen. Die Stabilisierung des politischen und wirtschaftlichen Reformprozesses in Mittel- und Osteuropa ist zugleich die wichtigste Investition in unsere Sicherheit – eine Aufgabe, bei der dem G-7-Mechanismus mit Sicherheit eine wichtige Rolle zufällt. Dies ist eine lebenswichtige Frage nicht nur für ganz Europa, sondern auch für Nordamerika und Japan.

Die Überwindung des Wohlstandsgefälles in Europa kann jedoch nicht ausschließlich Aufgabe der Deutschen sein. Deutschland kann die Rechnung für die wirtschaftliche Gesundung Osteuropas nicht allein bezahlen und gleichzeitig die überwältigende Mehrheit der Wirtschaftsflüchtlinge und der Opfer aus den Krisengebieten aufnehmen.

Deutschland meistert die historisch einmalige Aufgabe, eine sozialistische Planwirtschaft durch eine soziale Marktwirtschaft zu ersetzen. Das innenpolitische Schlagwort dafür heißt bei uns »Solidarpakt«. Diese Idee kann als Beispiel dienen.

Was wir brauchen, ist ein »europäischer Solidarpakt«. Aus politischen, wirtschaftlichen und strategischen Gründen muß unsere Westeuropapolitik durch eine Osteuropapolitik ergänzt werden. Unsere Nachbarn im Osten müssen die konkrete Perspektive haben, daß ihre Zukunft in der Europäischen Gemeinschaft liegt.

V.

Die Vertiefung und Ausweitung des europäischen Einigungsprozesses ist eine der vorrangigen Aufgaben unserer Politik. Die andere ist die Bildung von Sicherheitsstrukturen, in die die Vereinigten Staaten von Amerika als unverzichtbares Element der europäischen Sicherheitskultur eingebunden sind.

Die NATO ist die einzige transatlantische Institution, die ihren Wert praktisch unter Beweis gestellt und sich als wirklich funktionsfähig erwiesen hat. Die Atlantische Allianz ist zweifellos das stärkste Bindeglied zwischen Europa und Nordamerika. Die neuen Risiken und Herausforderungen führen jedoch zu dem Schluß, daß die strategische Substanz der Allianz und ihre Rolle im internationalen politischen Gefüge inhaltlich neu bestimmt werden müssen.

Die Atlantische Allianz hat ihre Fähigkeit bereits bewiesen, politisch innovativ zu handeln. Sie hat ihre Kraft bei der Ausfüllung des Sicherheitsvakuums gezeigt, das sich nach dem Zusammenbruch des Warschauer Paktes entwickelt hat. Die mittel- und osteuropäischen Staaten dürfen aus den euro-atlantischen Sicherheitsstrukturen nicht ausgeklammert werden. Osteuropa darf konzeptionell kein »Niemandsland« sein. Ich kann nicht einsehen, warum künftige Mitgliedstaaten der Europäischen Union grundsätzlich aus der NATO ausgeschlossen sein sollten. Die Atlantische Allianz kann keine »geschlossene Gesellschaft« sein.

Die Europäer entwickeln erst allmählich eine eigene Verteidigungsidentität, die Europa zu einem entscheidenden regionalen, aber auch globalen Akteur machen wird. Dies korrespondiert mit der Neubestimmung der amerikanischen Politik und Strategie. Beide Prozesse werden sich verzögern, wenn wir nicht offen über die Determinanten unserer gemeinsamen Zukunft sprechen. Zuweilen hat es den Anschein, als ob wir alle in falschen Vorstellungen gefangen seien. Gegenseitige Mißverständnisse können wir uns jedoch nicht leisten.

Was wir brauchen, ist eine neue euro-atlantische Partnerschaft unter Gleichen. Hierzu gehört aber auch eine Neuaufteilung der Lasten und Verpflichtungen. Europa muß mehr zum Schutz seiner eigenen Sicherheitsinteressen tun. Voraussetzung dafür ist die weitere Integration Europas, d.h. eine wirtschaftliche, soziale und politische Union Europas.

Europa muß auch seine Fähigkeiten im militärischen Bereich entwickeln. Dazu muß die Westeuropäische Union über Streitkräfte verfügen können. Darunter wird auch das auf französische und deutsche Initiative hin geschaffene Euro-Korps sein. Eine vertrauensvolle transatlantische Partnerschaft und die Entwicklung einer europäischen Verteidigungsidentität sind weder ein Widerspruch noch eine Alternative. Das eindeutige Ziel ist die Stärkung der Allianz.

VI.

In diesem Prozeß hat Deutschland eine besondere Verpflichtung. Deutschland ist in der Atlantischen Allianz immer ein starker und zuverlässiger Partner gewesen. Unsere Verbündeten würden es mit Recht als Bruch der Kontinuität unseres Verhaltens auffassen, wenn wir jetzt unsere neuen Verpflichtungen nicht akzeptieren würden.

Eine solche Entwicklung stünde im Widerspruch zu unseren lebenswichtigen Sicherheitsinteressen und wäre eine Mißachtung der Grundsätze der Bündnissolidarität. Ein solches Verhalten würde die Zuverlässigkeit unserer bewährten Außen- und Sicherheitspolitik in Frage stellen. Alle meine Bemühungen sind gegen eine solche politische Entwicklung Deutschlands gerichtet.

In diesem Zusammenhang möchte ich unterstreichen, daß wir im Laufe des letzten Jahres bereits wichtige Entscheidungen getroffen haben. In Kambodscha, im Irak, in Sarajevo und Somalia stellen deutsche Soldaten unsere Solidarität mit der Völkergemeinschaft unter Beweis.

Diese Entscheidungen sind auch erste Schritte in einem Lernprozeß, der in der Öffentlichkeit bereits mehr Akzeptanz für eine deutsche Beteiligung an solchen Operationen geschaffen hat – ein Prozeß, der sich aber nach 40 Jahren einer anderen außenpolitischen Orientierung organisch entwickeln muß.

Am 15. Januar dieses Jahres hat die deutsche Regierung im Bundestag einen Antrag für eine Klarstellung der Verfassung zur Frage des Einsatzes unserer Streitkräfte eingebracht. Sie wird uns ermöglichen, unseren internationalen Verpflichtungen in jeder Hinsicht nachzukommen – im Rahmen der Vereinten Nationen, der Atlantischen Allianz und einer gemeinsamen europäischen Außen- und Sicherheitspolitik.

Die Lehren der Geschichte und die Herausforderungen der Zukunft fordern von uns einen Ansatz, der uns handlungsfähig macht und gleichzeitig uns selbst und anderen die Gewähr gibt, daß Deutschland nie allein handeln wird. Wir werden die Kontinuität unserer Politik wahren und uns gleichzeitig den Herausforderungen und Möglichkeiten der Zukunft stellen.

VII.

Die Vereinigten Staaten und Europa können weder für sich alleine stehen noch ihren Verpflichtungen für die Welt von morgen ohne den jeweiligen Partner nachkommen. Die gemeinsame Verpflichtung für Frieden und Stabilität verbindet Europa und Nordamerika miteinander. Europäer und Amerikaner müssen zuverlässige Partner bleiben. Die euro-atlantische Gemeinschaft muß fähig sein, sowohl die Möglichkeiten zu nutzen als auch die neuen Risiken gemeinsam zu beherrschen.

Wir werden einen gemeinsamen politischen Kurs festlegen, der unsere Nationen Schulter an Schulter in das 21. Jahrhundert führen wird. Dabei können wir uns vertrauensvoll auf das feste Fundament unserer Werte- und Interessengemeinschaft stützen. Es geht um mehr als Verträge, um mehr als eine gemeinsame Reaktion auf Bedrohungen und wirtschaftliche Konkurrenz.

Wir können auf die festen Bindungen zwischen Europa und Nordamerika bauen.

Die Armee der Einheit
Die Bundeswehr im deutschen und europäischen Einigungsprozeß

Rede vor chilenischen Offizieren am 19. Februar 1993 in Santiago de Chile.

»Die Bundeswehr ... unterliegt dem Primat der Politik und der parlamentarischen Kontrolle.«

I.

Am 3. Oktober 1990, dem Tag der deutschen Einheit, hat Staatspräsident Aylwin das chilenisch-deutsche Verhältnis als »eine Beziehung der Zuneigung, des Respekts, der Bewunderung und des Verständnisses« gewürdigt. Wir Deutsche haben uns über diese Äußerung sehr gefreut. Wir erwidern sie von ganzem Herzen.

Gern erinnere ich mich an den Besuch Ihres Verteidigungsministers, Sn. Rojas, in Deutschland im Dezember letzten Jahres. Unsere Gespräche haben in einer ausgezeichneten Atmosphäre stattgefunden und waren, so denke ich, für beide Seiten ausgesprochen fruchtbar. Wer miteinander spricht, entwickelt Verständnis füreinander und kann gemeinsam handeln. Ich freue mich deshalb, zum zweiten Mal in Ihrem gastfreundlichen Land zu sein, mit dem wir freundschaftlich verbunden sind.

II.

Chile ist ein aufstrebendes Land. Es verzeichnet den größten wirtschaftlichen Fortschritt in ganz Südamerika. Seine Wirtschaftsdaten weisen weiter nach oben. Schon heute gilt Chile als aussichtsreichster Kandidat für die Aufnahme in die Nordamerikanische Freihandelszone. Hinter Ihnen liegt auch ein grundlegender Wandel der politischen Verhältnisse. Chile hat mit Erfolg an seine lange demokratische Tradition wieder angeknüpft. Dafür haben wir in Europa großen Respekt.

Auch mein Land ist in einem tiefgreifenden Umbruch. Nach mehr als 40 Jahren schmerzhafter Teilung haben wir die Einheit in Frieden und Freiheit gewonnen. Die Menschen in der ehemaligen DDR haben die sozialistische Diktatur abgeschüttelt. Die Bilanz des Kommunismus ist verheerend. Die politischen, wirtschaftlichen und menschlichen Schäden sind gewaltig.

Die Schwierigkeiten, eine desolate kommunistische Planwirtschaft in eine funktionierende Soziale Marktwirtschaft umzubauen, nehmen Deutschland voll in Anspruch. Die Kosten der deutschen Einheit übersteigen unsere anfänglichen Vorstellungen bei weitem. Der Neuaufbau ist für uns Deutsche die gesamtstaatliche Schwerpunktaufgabe dieses Jahrzehnts.

Mit dem Fall der Mauer in Berlin ist nicht nur in Europa die politische Ordnung nach dem Zweiten Weltkrieg zusammengebrochen. Die internationalen Beziehungen insgesamt haben sich grundlegend geändert. Die scheinbare Stabilität der alten bipolaren Ordnung, die die Welt in zwei Einflußsphären teilte, ist Geschichte. Alles ist in Bewegung geraten.

III.

Der Wandel gewährt uns neue, große Gestaltungschancen. Deutschland ist von der Front des Kalten Krieges in die Mitte Europas zurückgekehrt. Als Land mit den meisten Nachbarn in Europa ist Deutschland heute ausschließlich von Freunden umgeben und Brücke zwischen Ost und West, Nord und Süd. Das ist für mein Land ein dramatischer Zugewinn an Sicherheit.

Auch Europa wächst zusammen. Die alte Konfrontation wird abgelöst durch umfassende Kooperation. Die osteuropäischen Staaten haben sich für Demokratie und Marktwirtschaft entschieden. Westeuropäische Zusammenschlüsse öffnen sich nach Osten. Das ganze freie Europa – ein alter Traum – wird greifbar.

Wir haben jetzt auch die Möglichkeit, Freiheit, Prosperität und Frieden weltweit zum Durchbruch zu verhelfen. Europa hat dafür eine besonders chancenreiche Rolle. Es kann seine alten, gewachsenen Bindungen in viele

Teile der Welt nutzen, um die internationale Zusammenarbeit zu stärken und eine offene, gerechte Weltwirtschaftsordnung mitzugestalten. Die historischen und kulturellen Beziehungen Südamerikas zu Italien, Spanien und Portugal, aber auch zu Deutschland, sind das Fundament, auf dem das Zusammenwirken der beiden Kontinente weiter wachsen kann.

Mit dem Ende des Kalten Krieges ist unsere Erde aber nicht zu einer Insel des Friedens geworden. Auf dem gesamten Globus gibt es eine Vielfalt von Konflikten und schwer beherrschbaren Krisen. Nationalistische und religiöse Spannungen haben auch Teile Europas in Krieg und Bürgerkrieg gestürzt. Durch die Auflösung des Warschauer Paktes brechen lange unterdrückte, aber nie gelöste Konflikte wieder auf. Es ist paradox: Der Ost-West-Konflikt wurde ohne Krieg überwunden, aber nach seinem Ende ist der Krieg nach Europa zurückgekehrt.

Niemand weiß, wie die Entwicklung in der ehemaligen Sowjetunion weiter verlaufen wird. In den Nachfolgestaaten verbleibt ein großes nukleares und konventionelles Militärpotential. Die unvorhersehbare politische und ökonomische Entwicklung und die fortschreitende Fragmentierung machen den gesamten Raum zu einem akuten Krisenherd.

Deshalb setzen wir alles daran, den Wandel zu Demokratie und Marktwirtschaft unumkehrbar zu machen. Gestern, in der Zeit des Kalten Krieges, haben wir auf das Recht der Menschen gepocht, diese Länder verlassen zu können. Heute kommt es darauf an, die Voraussetzungen dafür zu schaffen, daß sie bleiben.

In vielen anderen Teilen der Welt hat sich ein gefährliches Gemisch aus wirtschaftlicher Unterentwicklung, Überschuldung, beschleunigter Bevölkerungszunahme und religiösem Fundamentalismus gebildet. Das international organisierte Verbrechen, Waffenproliferation und illegale Technologieexporte sind bedrohliche Faktoren für uns alle.

Vor dem Hintergrund der neuen Konstellation von Risiken und Chancen muß unsere Sicherheitspolitik mehr leisten als Abschreckung, Verteidigung und Sicherung der Grenzen. Moderne Sicherheitsvorsorge erfordert das Zusammenwirken aller Politikfelder. Die militärische ist nur eine

Dimension. Sie ist allerdings eine unverzichtbare Grundlage. Zuallererst gilt es, die Ursachen von Spannungen und Konflikten zu bekämpfen. Dafür brauchen wir ein breites Spektrum von Handlungsoptionen, mit dem flexibel agiert und reagiert werden kann.

Der internationale Einfluß eines Staates und seine Sicherheit werden weniger von militärischer Macht, immer mehr dagegen durch seine Wirtschaftskraft und technologische Innovationsfähigkeit bestimmt. Neue große strategische und ökonomische Räume formieren sich. Am weitesten fortgeschritten sind die Nordamerikanische Freihandelszone, der ostasiatische Raum mit Japan als dominantem Faktor und die Europäische Gemeinschaft als Zentrum und Ausgangspunkt einer großen europäischen Region.

Wirtschaftliche Kraft, politisch-demokratische Stabilität und militärische Stärke bedingen einander. Demokratischer Fortschritt braucht wirtschaftlichen Erfolg. Die Dynamik des internationalen Wettbewerbs erzwingt internationalen Zusammenschluß und Kooperation. Er darf nicht in neue Konfrontation, Festungsdenken und nationale Alleingänge umschlagen. Die Uruguay-Runde des GATT muß daher unbedingt erfolgreich abgeschlossen werden.

Der Schutz unserer Umwelt ist längst eine Herausforderung, die uns alle gleichermaßen angeht. Der Vernichtung der natürlichen Lebensgrundlagen folgt wirtschaftliche und soziale Erschütterung. Sie erhöht den Migrationsdruck und führt zur Destabilisierung ganzer Regionen. Die Konferenz von Rio hat den Blick für den Zusammenhang von wirtschaftlicher Entwicklung, Umweltschutz und Sicherheit geschärft. Deutschland steht für eine internationale Politik, in der Umweltschutz als wesentlicher Teil vorausschauender gemeinsamer Sicherheit verstanden und gefördert wird. In diesem Sinne sind Südamerika und Europa Sicherheitspartner, die gemeinsame Verantwortung für die eine Welt tragen. In der zusammenwachsenden Welt sind auch Ozeane keine schützenden Festungsgräben mehr.

Sicherheitsvorsorge in diesem umfassenden Sinn gibt es nicht mehr im nationalen Alleingang. Sicherheit ist nur noch miteinander, nicht ohne, schon gar nicht gegen die anderen zu haben. Multinationalität und internationale Kooperation sind die Schlüsselbegriffe der Sicherheitspolitik unserer Zeit. Auch wir Europäer brauchen Sicherheit auf unserem Kontinent, aber ebenso Sicherheit für ihn. Das heißt: Europäische Sicherheitspolitik hat immer globalen Bezug. Das gilt in besonderer Weise für Deutschland in der Mitte Europas.

IV.

Unsere Interessen als exportabhängige Industrienation können wir nur geltend machen, wenn wir bündnisfähig bleiben. Bündnisfähigkeit ist Teil deutscher Staatsräson. Für die Bundesrepublik Deutschland bleiben daher das Nordatlantische Bündnis und die Europäische Gemeinschaft die Eckpfeiler der Sicherheit. Nur innerhalb dieser Institutionen können wir Frieden, Freiheit und soziale Stabilität für unser wiedervereintes Land auf Dauer gewährleisten.

Von herausragender Bedeutung bleibt die Partnerschaft Deutschlands mit den Vereinigten Staaten von Amerika. Mehr als 40 Jahre hat uns diese Freundschaft unter dem Dach der Nordatlantischen Allianz vor Krieg im Herzen Europas bewahrt und unsere Freiheit erhalten. Amerikanische Truppen in Europa sind unverzichtbarer Teil deutscher und europäischer Sicherheitskultur geworden. Nur mit den USA kann auch in Zukunft die strategische Balance auf unserem Kontinent gewahrt werden.

Nordamerika und das sich vereinigende Europa wollen ihre Sicherheit gemeinsam gestalten und die weltweiten Probleme gemeinsam angehen. Europa strebt eine Partnerschaft von Gleichen zu den Vereinigten Staaten an. Damit ist jedoch eine neue Teilung der Aufgaben und Lasten verbunden.

Für die neuen Aufgaben muß Europa global handlungsfähig werden. Es muß seine Kräfte bündeln und auch die äußere Sicherheit als Gemeinschaftsaufgabe begreifen. Ein erster Schritt ist die Aufstellung des Europäischen Korps durch Frankreich und Deutschland und die Stärkung der Westeuropäischen Union. Damit ist der Kern europäischer Streitkräfte geschaffen.

Bisher ist die Europäische Gemeinschaft auf Westeuropa beschränkt. Seit dem 1. Januar 1993 ist ein gemeinsamer Binnenmarkt in Kraft, dessen Wirtschaftskraft dem der Nordamerikanischen Freihandelszone entspricht. Die Europäische Gemeinschaft will sich noch enger zusammenschließen — zu einer Politischen Union mit einer gemeinsamen Außen- und Sicherheitspolitik, einer Wirtschafts-, Währungs- und Sozialunion. Das ist der Fahrplan für das europäische Einigungswerk in den 90er Jahren.

Dabei können wir jedoch nicht stehenbleiben. Die fortschreitende Integration im Westen muß deshalb durch die Aufnahme neuer Mitglieder aus Osteuropa ergänzt werden. Es darf dort kein sicherheitspolitisches Vakuum geben. Die jungen Demokratien gehören zu uns. Auch ihre Mitgliedschaft in der NATO ist für mich grundsätzlich kein Tabu.

V.

Der Tag der Deutschen Einheit war nicht nur der Wendepunkt für die deutsche und europäische Politik. Er war auch der Geburtstag der gesamtdeutschen Bundeswehr. Wir standen vor der schwierigen Aufgabe, die Armee der Einheit zu schaffen.

Eine Integration der Nationalen Volksarmee der ehemaligen DDR konnte es nicht geben. Sie war ein Instrument des kommunistischen Regimes. Heute wissen wir, daß unsere Bedrohungsanalysen richtig waren: Operationsplanung und Bereitschaftsstand des gesamten Warschauer Paktes waren auf einen großen Angriff aus dem Stand heraus ausgerichtet. Der frühe Einsatz von Nuklearwaffen auf westdeutschem Boden war genau geplant.

Die Nationale Volksarmee war auch im Innern zutiefst inhuman. Panzer und Geschütze wurden in beheizten Hallen gepflegt. Die Soldaten mußten in menschenunwürdigen Kasernen leben, die den einfachsten Grundbedürfnissen menschlicher Hygiene widersprachen.

Der Neuaufbau der maroden Infrastruktur und die Beseitigung gewaltiger militärischer Umweltzerstörungen werden für das ganze Jahrzehnt eine große Herausforderungen bleiben. Allein 10 000 Hauptwaffensysteme – Panzer, Geschütze, Flugzeuge und Schiffe – und 300 000 Tonnen Munition sind zu beseitigen.

Die wichtigste Aufgabe war jedoch, Soldaten ehemals gegnerischer Streitkräfte, die jahrzehntelang darauf vorbereitet waren, aufeinander zu schießen, in einer Armee zusammenzuführen. Es war klar, daß nur ein kleiner Teil der jüngeren Offiziere und Unteroffiziere übernommen werden konnte. Für die Integrationsaufgabe konnten wir auf ein jahrzehntelang erprobtes Führungskonzept bauen. Mit ihm werden die Freiheitsprinzipien des demokratischen Staates mit den besonderen Erfordernissen des militärischen Dienstes verbunden.

Die Bundeswehr ist Teil der staatlichen Exekutive. Sie unterliegt dem Primat der Politik und der parlamentarischen Kontrolle. Sie ist Teil des Rechtsstaates. Jeder Soldat hat die gleichen verfassungsmäßigen Rechte wie alle anderen Bürger. Er ist Staatsbürger in Uniform. Seine Rechte sind nur soweit eingeschränkt, wie es der klar umrissene militärische Auftrag erfordert. Die Grenzen von Befehl und Gehorsam sind im Soldatengesetz genau bestimmt. Es gibt zahlreiche Sicherungen, um diese Rechte zu wahren. Dazu gehört auch die Überprüfung durch unabhängige zivile Gerichte.

Dieses Konzept – wir nennen es »Innere Führung«, was eigentlich nicht zu übersetzen ist – hat sich auch bei der Übernahme der ehemaligen NVA-Soldaten voll bewährt. Es hat auch deshalb großes Interesse bei den neuen Demokratien in Mittel- und Osteuropa gefunden.

Die Herausforderung, eine Armee der Einheit zu schaffen, ist weitgehend gemeistert. Zum Neuaufbau im Osten Deutschlands kommt die andere große Aufgabe hinzu: der grundlegende Umbau der Bundeswehr insgesamt. Die Bundeswehr wird nach unterschiedlichen Aufgaben differenziert. Drei Faktoren sind dafür maßgebend: die neue, für Deutschland dramatisch verbesserte Sicherheitslage; die neue Funktion der Streitkräfte als Mittel für das politische Krisenmanagement; und die politischen und wirtschaftlichen Prioritäten des deutschen Einheitsprozesses. Wir stehen vor der schwierigen Aufgabe, Sicherheit und Einsparungen in ein verantwortbares Verhältnis zu bringen.

Die Kräfte für die Verteidigung werden deutlich reduziert und stark gekadert. Sie sind zur Verteidigung im Rahmen der Nordatlantischen Allianz vorgesehen. Ihre Hauptaufgabe im Frieden ist die Ausbildung von Wehrpflichtigen und Reservisten.

Mit den präsenten Kräften wird Deutschland seinen Beitrag zu den Krisenreaktionskräften der Nordatlantischen Allianz leisten. Sie sind die Schildkräfte für den Aufwuchs unserer Verteidigungskräfte. Ein Teil von ihnen wird zu Einsätzen im Rahmen der Vereinten Nationen befähigt. Krisenreaktionskräfte sind sofort verfügbar, flexibel, weiträumig einsetzbar und für die unterschiedlichsten Aufgaben geeignet.

Die neuen sicherheitspolitischen Herausforderungen und die zusätzlichen Aufgaben für die Bundeswehr erfordern auch die Anpassung der militärischen Führungsorganisation. Für die künftigen Herausforderungen ist das getrennte Vorgehen der Teilstreitkräfte obsolet. Mehr denn je ist ein koordinierter, streitkräftegemeinsamer Ansatz unter einheitlicher, politisch bestimmter Führung geboten.

VI.

Die Bundeswehr steht vor der größten Herausforderung ihrer Geschichte. Fast vier Jahrzehnte war sie operativ, materiell und vor allem geistig auf die Abwehr einer großangelegten Aggression durch riesige Panzerarmeen des Warschauer Paktes fixiert. Heute haben wir neue Pflichten in einer veränderten Welt. Unser Ziel ist nicht nur die verantwortliche Wahrnehmung unserer Interessen mit den Partnern im Bündnis. Unser Ziel ist auch der Einsatz für eine Friedensordnung in ganz Europa und für den Schutz der Menschenrechte in der Welt.

In Deutschland ist im Hinblick auf den Einsatz von Streitkräften in 40 Jahren eine Kultur der Zurückhaltung gewachsen, die zum Markenzeichen deutscher Berechenbarkeit in der Außenpolitik geworden ist. Diese Erfahrungen lassen sich nicht über Nacht abschütteln. Doch hat das vereinte und souveräne Deutschland bereits zunehmend international Verantwortung übernommen. In Kambodscha, im Irak, in Sarajewo und Somalia beweisen deutsche Soldaten Solidarität. Wir wollen bald auch die Voraussetzungen dafür schaffen, daß Deutschland ohne Einschränkungen seinen Pflichten aus der UN-Charta nachkommen und sich auch an friedenserhaltenden und friedensschaffenden Maßnahmen der Völkergemeinschaft beteiligen kann. Deutschland muß international voll bündnis- und handlungsfähig sein.

Nach dem Ende des Kalten Krieges ist die Neubestimmung der Sicherheitspolitik eine Gemeinschaftsaufgabe der Völkergemeinschaft. Internationalität, Dialog und Kooperation sind die sicherheitspolitischen Gebote unserer Zeit. In der einen Welt treffen die neuen Herausforderungen uns alle. Nur gemeinsam können wir sie meistern.

Treu dienen
und tapfer verteidigen

Ansprache gelegentlich des Feierlichen Gelöbnisses der Luftlandebrigade 26 am 3. März 1993 in Lebach.

»Wir müssen bereit sein, Mitverantwortung für Frieden, Freiheit und Gerechtigkeit in der Welt zu übernehmen.«

Soldaten der Luftlandebrigade 26,
liebe Eltern und Angehörige der jungen Rekruten, Bürger der Stadt Lebach, verehrte Gäste!

I.

Heute sind wir zu einem besonderen Ereignis zusammengekommen. Sie, die Rekruten der Luftlandebrigade 26, werden in wenigen Minuten ihr Gelöbnis als Soldaten der Bundeswehr ablegen. Sie alle versprechen feierlich und vor Zeugen, als Soldaten unserem Staat treu zu dienen und das Recht und die Freiheit unseres Volkes tapfer zu verteidigen.

Dieses Versprechen ist eine ernste Sache. Es bindet Bewußtsein und Verhalten der Soldaten schon im Frieden, noch mehr aber im Krieg. Der Gesetzgeber und die Gesamtheit der Bürger dieses Landes verlangen Ihnen dieses Versprechen ab. Ich begrüße es daher sehr, daß dieses Ereignis in aller Öffentlichkeit, im Zentrum Ihrer Garnisonsstadt, mitten unter den Bürgern stattfindet.

Ich freue mich darüber, daß so viele gekommen sind, um durch ihre Anwesenheit die Bedeutung und Würde dieses Vorgangs zu bezeugen und auch ihre Unterstützung für Auftrag und Dienst der Bundeswehr deutlich zu machen. Ich begrüße es daher auch, daß unter den Gästen Mitglieder des Deutschen Bundestages sind als die demokratisch gewählten Vertreter des Volkes im Parlament.

Der Rahmen dieses Feierlichen Gelöbnisses in der Öffentlichkeit bringt zum Ausdruck, was den Kern der Wehrpflicht für uns Deutsche ausmacht: Als Soldaten sind Sie Bürger in Uniform. Ihre Mitbürger legen die Verantwortung für den Schutz unseres Landes und die Freiheit seiner Bevölkerung in Ihre Hände.

Sie geben Ihnen gleichzeitig den Rückhalt und die Unterstützung, die Sie für diesen Dienst benötigen und die Sie daher auch erwarten dürfen. Das zeigt: Die Bundeswehr ist Teil der Gesellschaft. Die Landesverteidigung, der Schutz unserer Sicherheit und Freiheit gegen Gefahren, geht alle Bürger an.

II.

Sie sind Soldaten in einer faszinierenden, aber auch schwierigen Zeit des Umbruchs. Deutschland hat seine schmerzhafte und widernatürliche Teilung überwunden. Der Warschauer Pakt ist aufgelöst, die Sowjetunion zerfallen. Die ehemals sowjetischen Truppen verlassen Deutschland. Fast überall in Mittel- und Osteuropa sind neue Demokratien entstanden. Die existentielle Bedrohung Deutschlands ist praktisch überwunden. Zum ersten Mal in unserer Geschichte sind wir nur noch von Freunden und Partnern umgeben.

Wozu da überhaupt noch Streitkräfte, die so viel Geld kosten, wozu noch die Beschwerlichkeiten des Wehrdienstes? So fragen heute viele.

Dienen, Treue, Tapferkeit — klingt das heute nicht nach den Tugenden eines Pflichtenkatalogs aus vergangener Zeit? Zwölf Monate leisten Sie, die wehrpflichtigen Soldaten, ihren Dienst — mit allen Einschränkungen, Belastungen und Besonderheiten. Im äußersten Fall, den keiner von uns will, kann er den Einsatz des eigenen Lebens bedeuten.

In der heutigen Zeit, nach über 45 Jahren Frieden und Wohlstand ist das nicht selbstverständlich. Es fordert eine bewußte Entscheidung und Haltung. Sie haben daher ein Anrecht darauf, von der Politik und besonders von Ihrem obersten Vorgesetzten im Frieden zu erfahren, warum Sie diesen Dienst zu leisten haben.

Ich sage Ihnen: Solange sich Soldaten Ihrer Pflicht für unser Land stellen, bleibt Deutschland eine auch nach außen wehrhafte Demokratie. Wer sich nicht mehr verteidigen kann, wird über kurz oder lang zum Spielball fremder Interessen. Nur wer sich schützen kann und über seinen Willen dazu keinen Zweifel läßt, wird ernst genommen und kann eine friedliche Zukunft für sich und andere mitgestalten.

Die Bundeswehr bleibt unsere Versicherung gegen die Wechselfälle der Geschichte in einer ungewissen Zeit. Dadurch bleiben unserem Volk die schrecklichen Erfahrungen erspart, die andere Völker mitten in Europa auch in der heutigen Zeit jeden Tag erleiden.

III.

Aber es geht nicht nur um die Sicherheit und Zukunft unseres Landes. Kein Land kann die Probleme der heutigen Zeit allein meistern. Jedes braucht Partner. Mehr als vierzig Jahre war Deutschland auf Schutz und Solidarität des westlichen Bündnisses angewiesen. Ohne unsere Partner hätten Frieden und Freiheit nicht gewahrt und die Einheit unseres Vaterlandes nicht wiederhergestellt werden können. Aber Solidarität ist keine Einbahnstraße. Deutschland kann deshalb nicht abseits stehen, wenn heute Bündnispartner und Freunde unsere Hilfe brauchen.

Und wir können nicht tatenlos bleiben, wenn anderswo Frieden gebrochen, das Völkerrecht mit Füßen getreten und Menschenrechte verletzt werden. Wir müssen auch außerhalb Deutschlands zu unseren Grundwerten stehen. Wir müssen bereit sein, Mitverantwortung für Frieden, Freiheit und Gerechtigkeit in der Welt zu übernehmen. Dazu gehören auch militärische Einsätze im Dienst der Völkergemeinschaft.

Nicht nur unsere Soldaten haben ein Anrecht darauf, daß rasch und umfassend die notwendigen Entscheidungen zur uneingeschränkten Beteiligung an internationalen Friedenseinsätzen getroffen werden. Unser Zögern findet immer weniger Verständnis. Das hohe politische Ansehen Deutschlands steht auf dem Spiel, und wir verlieren entscheidend an Einfluß auf die internationale Politik. Damit wird den Interessen und dem Wohl unseres Landes großer Schaden zugefügt.

Für die Bundeswehr sind internationale Einsätze nicht neu. Gerade auch Fallschirmjäger wissen das. Ihr Verband gehört zur Schnellen Eingreiftruppe der NATO. In dieser »NATO-Feuerwehr« arbeiten deutsche Soldaten schon seit langem mit verbündeten Kameraden außerhalb Deutschlands zusammen.

Fallschirmjäger stehen für Tatkraft und Mut, Kameradschaft, Disziplin und Können. Sie stehen für die Bundeswehr der Zukunft – leistungsfähig und selbstbewußt, um die Aufgaben der Zukunft erfolgreich zu bewältigen. Diese Aufgaben sind klar: Die Bundeswehr schützt Deutschland, sie rettet aus Notlagen, sie hilft bei Katastrophen und humanitären Aktionen und sie beteiligt sich an internationalen Friedenseinsätzen.

IV.

Der grundlegende Wandel in der Politik stellt unsere Bundeswehr vor die größte Herausforderung ihrer Geschichte. Sie muß vieles gleichzeitig leisten: Sie wird stark reduziert, sie gliedert grundlegend um, sie baut die Truppenteile im Osten unseres Landes weiter auf und sie bereitet sich auf völlig neue Aufgaben vor. Das kommt faktisch einem Neuaufbau gleich.

Die Substanz der Sicherheitsvorsorge darf nicht angetastet werden. Der Verteidigungshaushalt kann nicht zum Notgroschen für die Staatsfinanzen werden. Die Bundeswehr braucht jetzt eine langfristige, finanziell gesicherte Perspektive. Nur so kann sie die gewaltigen Aufgaben meistern.

Für viele Soldaten, zivile Mitarbeiter und ihre Familien bedeuten sie eine enorme Belastung. Umzüge, Schulwechsel, der Verlust des Freundeskreises und der militärischen Heimat bedeuten einen tiefen Einschnitt in die Lebensplanung. Für die Loyalität und das Verständnis, mit der die Soldaten und ihre Familien das alles mittragen, verdienen sie unseren Dank, unseren Respekt und die Unterstützung aller Mitbürger.

Die Luftlandebrigade 26 kann mit Zuversicht und Schwung den Weg in die Zukunft gehen. Vor Ihnen liegen faszinierende Aufgaben, die den ganzen Mann fordern. Ihnen, den jungen Rekruten, wünsche ich eine ausgefüllte und erlebnisreiche Dienstzeit, der Brigade allzeit »Glück ab!«

Auftrag ausgeführt!

Ansprache gelegentlich des Feierlichen Appells zur Auflösung der Panzergrenadierbrigade 17 am 25. März 1993 in Hamburg-Rahlstedt.

»Ein Stück Hamburger Militärgeschichte geht zu Ende.«

Soldaten, zivile Mitarbeiter und Ehemalige der Panzergrenadierbrigade 17, liebe Familienangehörige, Bürger der Stadt Hamburg, verehrte Gäste!

I.

Die heutige feierliche Veranstaltung hier in der Boehn-Kaserne ist ein schmerzliches Ereignis: der letzte Appell der Panzergrenadierbrigade 17. Nach über 34 Jahren wird die traditionsreiche »Hamburger Hausbrigade« aufgelöst. Ein Stück Hamburger Militärgeschichte geht zu Ende.

Für die Soldaten, die zivilen Mitarbeiter und ihre Familien endet ein Lebensabschnitt. Sie waren in der Brigade zu Hause. Sie haben Gesicht und Charakter dieses Großverbandes geprägt. Zahlreiche gemeinsame Bewährungsproben haben sie in den zurückliegenden Jahrzehnten bestanden und Belastungen zusammen ertragen. Aktive und Reservisten, Wehrpflichtige, Zeit- und Berufssoldaten sind miteinander durch »dick und dünn« gegangen: in spektakulären Großübungen, im Katastropheneinsatz für die Bevölkerung, besonders aber auch im täglichen Ausbildungsdienst. Das verbindet.

Nun wird das für alle Vergangenheit. Auch wenn sich jetzt die Wehmut des Abschieds einstellt, sage ich Ihnen: Der heutige Tag ist auch ein Anlaß zu Stolz und Genugtuung.

Sie waren immer da: In Ihren Händen hat jahrzehntelang der Schutz Hamburgs und Schleswig-Holsteins gelegen, der Heimat vieler von uns, auch meiner eigenen. Der feste Wille, sie zusammen mit unseren alliierten Freunden im Notfall zu verteidigen, hat nicht nur unserem Vaterland Frei-

heit und Frieden bewahrt. Der Dienst der Bundeswehr hat auch Voraussetzungen für eine Politik geschaffen, die den revolutionären Wandel in
Europa ermöglicht hat.

Dieser hat zur Einheit Deutschlands in Freiheit geführt – ohne Krieg! Es
ist nicht übertrieben zu sagen: Unsere Vision ist Wirklichkeit geworden.
Sie war für viele Soldaten Motiv und Ziel ihres Dienstes, ein wesentlicher
Teil ihres Berufsverständnisses. Was kann es für die Brigade also Befriedi-
genderes geben, als heute mit Stolz zu melden: Auftrag erfüllt!

Dafür gebühren Ihnen der Dank und die Anerkennung aller Mitbürger.
Als Ihr Verteidigungsminister danke ich Ihnen persönlich für Ihren treuen
Dienst.

II.

Die Auflösung der Brigade 17 ist ein schmerzhafter Prozeß für alle Betrof-
fenen. Sie ist zugleich aber auch Folge einer glücklichen politischen Entwicklung, die wir alle immer angestrebt haben: Die deutsche Einheit ist
verbunden mit Demokratisierung und umfassender Abrüstung in ganz
Europa. Deutschlands Sicherheitslage hat sich dramatisch verbessert. Wir
sind erstmals in unserer Geschichte nur noch von Freunden und demokratischen Partnern umgeben. Die ehemals sowjetischen Truppen verlassen
unser Land. Das erlaubt uns, den Umfang unserer Streitkräfte deutlich zu
reduzieren.

Wie diese Brigade werden allein im Heer über zwanzig Großverbände
aufgelöst. Jede einzelne Entscheidung wurde umfassend und gewissenhaft
geprüft und verantwortungsvoll entschieden. Die Absicht, mechanisierte
Truppenteile aus Großstädten und Ballungsräumen abzuziehen, hat dabei
eine wesentliche Rolle gespielt. Wer nüchtern urteilt, kann dem sicher
folgen.

Die Verkleinerung der Bundeswehr darf aber nicht zu dem Trugschluß
führen, wir könnten in unserer Sicherheitsvorsorge nachlassen. Im Gegenteil, in einer fundamental gewandelten Lage gewinnt sie neue Dimensionen.

Auch heute gilt: Nur wer sich verteidigen kann und will und daran keinen Zweifel läßt, wird ernst genommen und kann an der Gestaltung einer friedlichen Zukunft mitwirken. Niemand kommt ohne Versicherung gegen die Wechselfälle der Geschichte aus. Die Bundeswehr trägt entscheidend dazu bei, daß unserem Volk die schrecklichen Erfahrungen erspart bleiben, die andere Völker – mitten in Europa, in unserer weiteren Nachbarschaft – jeden Tag wehrlos erleiden.

III.

Aber diese Versicherung allein reicht heute nicht mehr aus. Kein Land kann die Gefährdungen und Herausforderungen von morgen allein meistern. Denn sie überschreiten die Grenzen von Staaten und Kontinenten. Wie in der Vergangenheit bleiben wir auf den Schutz und die Solidarität unserer Bündnispartner angewiesen. Aber Solidarität ist keine Einbahnstraße. Deutschland kann nicht abseits stehen, wenn heute Bündnispartner und Freunde unsere Hilfe und Unterstützung brauchen. Es darf nicht nach dem Grundsatz gehen: Alle für einen, aber der eine nur für sich allein.

Wir müssen bereit sein, Mitverantwortung für Frieden, Freiheit und Gerechtigkeit in der Welt zu übernehmen. Menschenwürde kennt keine Grenzen. Deshalb fordert das Grundgesetz von uns, in einem vereinten Europa dem Frieden der Welt zu dienen. Wir dürfen nicht tatenlos bleiben, wenn anderswo Frieden gebrochen, das Völkerrecht mit Füßen getreten und Menschenrechte verletzt werden. Wir müssen auch außerhalb Deutschlands zu unseren Grundwerten stehen. Das kann auch den Einsatz unserer Streitkräfte erfordern, wenn die Völkergemeinschaft dazu aufruft.

Die Bundeswehr erhält deshalb einen erweiterten Auftrag: Sie schützt Deutschland vor äußerer Bedrohung, sie rettet aus Notlagen, hilft bei Katastrophen und humanitären Aktionen und sie beteiligt sich an internationalen Friedenseinsätzen.

Dabei wird es keinerlei Automatismus geben. Jeder einzelne Fall wird vor dem Hintergrund unserer Grundwerte und unserer nationalen Interessen durch Regierung und Parlament entschieden. Das verlangt nicht nur die politische Verantwortung, sondern gerade auch die Fürsorge für die Soldaten im Einsatz.

Nicht nur Sie, die Soldaten, haben ein Anrecht darauf, daß jetzt die notwendigen politischen Entscheidungen getroffen werden. Unser Zögern findet immer weniger Verständnis – in der eigenen Bevölkerung und bei unseren Partnern, besonders bei denen, die über 40 Jahre lang unsere Freiheit und Wohlfahrt Tag für Tag und Jahr für Jahr gewährleistet haben.

IV.

Der grundlegende Wandel in der Politik stellt die Bundeswehr vor die größte Herausforderung ihrer Geschichte: Sie wird reduziert, sie gliedert grundlegend um, sie baut die Truppenteile im Osten unseres Landes weiter auf, sie bereitet sich auf völlig neue Aufgaben vor – und sie muß das alles gleichzeitig und mit immer knapperen Haushaltmitteln leisten.

Denn die nationale Hauptaufgabe bleibt, die innere Einheit Deutschlands zu vollenden. Der Durchbruch beim »Solidarpakt« ist ein großer Schritt nach vorn. Damit schaffen wir verläßliche Planungsgrundlagen für Bund, Länder, Wirtschaft und Finanzen für die kommenden Jahre, besonders aber Grund zur Zuversicht für die Menschen. Die Streitkräfte haben dazu einen großen Beitrag ganz selbstverständlich geleistet.

Nun braucht die Bundeswehr selbst eine langfristige, finanziell gesicherte Perspektive. Die Substanz der Sicherheitsvorsorge darf nicht angetastet werden. Nur so kann sie die gewaltigen Aufgaben meistern.

Der Umbruch schafft für viele Soldaten, zivile Mitarbeiter und ihre Familien große Belastungen. Umzüge, Schulwechsel, der Verlust des Freundeskreises und der militärischen Heimat bedeuten einen tiefen Einschnitt in die Lebensplanung.

Man muß sich die Dimensionen einmal klarmachen: Die Bundeswehr hat im vergangenen Jahr rund 20 000 Versetzungen bewältigt. In den kommenden Jahren bleibt das in vergleichbarer Größenordnung. Im Vergleich dazu erscheint der Umzug der Bundesregierung nach Berlin, der jetzt so viel Medienecho erregt, mit »nur« 9 000 Versetzungen über mehrere Jahre hinweg wenig dramatisch.

Für die Loyalität und das Verständnis, mit der die Soldaten, die zivilen Mitarbeiter und ihre Familien das alles mittragen, verdienen sie unseren Dank, unseren Respekt und die Unterstützung aller Mitbürger. Sie brauchen an den neuen Standorten nun Gewißheit für eine überschaubare Zeit. Ich weiß, daß das besonders nach den letzten Sparbeschlüssen der Bundesregierung eine Frage des Vertrauens und der Glaubwürdigkeit ist. Ich weiß auch, was ich besonders der 6. Division abverlangen mußte mit der Entscheidung, im nächsten Jahr auch die Schwesterbrigade 16 aus Wentorf aufzulösen. Es muß aber auch bewußt werden, daß es in diesen Jahren des Umbruchs absolute Sicherheiten nicht geben wird.

Ich setze daher weiter auf Ihre Mitarbeit, auf Ihre Leistungsbereitschaft, Ausdauer und engagierte Haltung. Optimismus, Initiative und der Wille, eine schwierige Lage gemeinsam zu meistern, müssen unser gemeinsames Leitmotiv bleiben.

Es zeichnet die Brigade 17 aus, daß sie sich — die Auflösung bereits vor Augen — tatkräftig, selbstlos und mit großem Erfolg am Aufbau des deutschen Heeres in den neuen Bundesländern beteiligt hat. Sie hat ihren Beitrag zur Armee der Einheit geleistet.

Die Brigade wird nun in den Verbänden der 6. Panzergrenadierdivision in neuer Gliederung aufgehen. Auflösung ist also verbunden mit Neuanfang. In den neuen Standorten werden Sie am Umbau und Neuaufbau der Bundeswehr weiter mitwirken. Auf Sie warten faszinierende und verantwortungsvolle neue Aufgaben, die den ganzen Mann fordern. Sie gestalten die Bundeswehr von morgen, eine moderne, professionelle und anerkannte Armee.

Ich wünsche Ihnen, den Soldaten und zivilen Angehörigen der Panzergrenadierbrigade 17, und ihren Familien Glück und Erfolg in neuer Verwendung, in der neuen Umgebung ein schnelles Eingewöhnen, alles Gute und uns allen eine friedliche Zukunft.

Gestaltung euro-atlantischer Politik — eine Grand Strategy für eine neue Zeit

Rede anläßlich des »Alastair Buchan Memorial 1993« am 26. März 1993 in London.

»Ich kann keinen stichhaltigen Grund dafür sehen, künftigen Mitgliedern der Europäischen Union die NATO-Mitgliedschaft vorzuenthalten.«

I.

Ich bedanke mich für die herzliche Begrüßung und die freundliche Einführung. Es ist mir eine Ehre und Freude, heute bei dieser bedeutenden Veranstaltung zu Ihnen zu sprechen.

Die Einladung, zum Gedenken an Alastair Buchan den Mitgliedern der europäisch-atlantischen »strategic community« meine politischen und strategischen Überlegungen darzulegen, ist eine Auszeichnung und Herausforderung für mich. Aber nicht zuletzt ist es mir immer eine Freude, das Vereinigte Königreich zu besuchen und die vielen Freunde, die ich hier habe.

Viele international angesehene Persönlichkeiten haben zum Gedenken an Alastair Buchan hier gesprochen. Im Jahr 1977 gab Helmut Schmidt an dieser Stelle den Anstoß zu einer politisch-strategischen Diskussion, die schließlich 1979 in den NATO-Doppelbeschluß mündete.

Damals hat das Bündnis in einer essentiellen Frage Entschlußkraft und politische Weitsicht bewiesen. Heute steht die euro-atlantische Gemeinschaft wieder vor einer entscheidenden Weichenstellung. Wir müssen den politisch-strategischen Kurs abstecken für den Weg ins 21. Jahrhundert.

Mit dem Ende des Kalten Krieges haben Freiheit und Demokratie einen historischen Triumph gefeiert. Er hat die westliche Völkergemeinschaft von einer existentiellen Bedrohung befreit. Das gilt besonders für Deutschland.

Das tödliche Dilemma, den nuklearen Schutz für Frieden und Freiheit zu brauchen und dabei Gefahr zu laufen, zum atomaren Schlachtfeld zu werden — dieser Zwiespalt ist durch die glückliche Verbindung von Einheit und erfolgreicher Abrüstung in Europa aufgelöst.

Jetzt müssen wir uns den Herausforderungen einer Welt im Wandel stellen. Wir stehen einer neuen Konstellation von Chancen und Risiken gegenüber. Manche Weisheit der alten Welt behält aber auch in der heutigen Zeit ihre Gültigkeit. Wie Heraklit schon sagte: »Panta rhei«. Auch in der Welt von heute ist alles im Fluß.

Deutschland ist im Umbruch. Der Aufbau des Ostens unseres wiedervereinigten Landes beansprucht gewaltige Ressourcen. Die Vollendung der inneren Einheit Deutschlands ist unsere nationale Hauptaufgabe in diesem Jahrzehnt. Wir müssen für alle Deutschen die gleichen wirtschaftlichen und sozialen Lebensbedingungen schaffen. Für die Deutschen im Westen unseres Landes bedeutet das, daß sie einen Teil des Wohlstands mit den Landsleuten im Osten ihres vereinigten Vaterlandes zu teilen haben.

Das gleiche gilt aber auch für Mittel- und Osteuropa. Deutschland hat bisher den Löwenanteil der westlichen Hilfe getragen. 80 Mrd DM haben wir bisher für die GUS-Staaten und 105 Mrd DM für die mittel- und osteuropäischen Staaten insgesamt aufgebracht. Das sind mehr als 50 Prozent der gesamten finanziellen Hilfe des Westens. Ich glaube nicht, daß das bisher überall voll erkannt und genügend gewürdigt wird, obwohl das ein wichtiger Faktor der Sicherheitsvorsorge für uns alle ist.

Deutschland steht aber auch vor der Herausforderung, seine internationale Rolle neu zu bestimmen. Unsere Partner, Verbündeten und Freunde müssen wissen, welchen Weg wir gehen. Das deutsche Volk ist dabei einem Teil der politischen Klasse schon voraus: Eine angemessene deutsche Beteiligung an internationaler Krisenbewältigung wird mehrheitlich als Ausdruck der Normalität eines souveränen Staates gesehen.

Am 15. Januar 1993 hat die Bundesregierung im Bundestag einen Gesetzesentwurf zur Ergänzung des Grundgesetzes eingebracht, der die Bedingungen für den Einsatz unserer Streitkräfte klarstellt. Wir wollen unseren internationalen Verpflichtungen in jeder Hinsicht nachkommen – sowohl im Rahmen der Vereinten Nationen als auch im Rahmen der Atlantischen Allianz und im Rahmen einer gemeinsamen europäischen Sicherheits- und Verteidigungspolitik. Für die Ergänzung der Verfassung brauchen wir eine Zweidrittelmehrheit im Parlament. Sie scheint zur Zeit noch nicht erreichbar. Ich bemühe mich weiter mit aller Kraft, den Konsens herbeizuführen. Eine international passive Rolle würde unseren vitalen Interessen zuwiderlaufen. Internationalen Einfluß hat nur der, der handelt, nicht der, der nur zuschaut.

40 Jahre lang war Deutschland ein starker, zuverlässiger Partner im NATO-Bündnis. Für unseren Schutz haben wir auf die Solidarität unserer Partner gebaut. Wenn Deutschland jetzt zögert, einen angemessenen Beitrag zu den neuen internationalen Verpflichtungen zu leisten, würde dies als Bruch der Kontinuität in der deutschen Außen- und Bündnispolitik wahrgenommen.

II.

Angesichts neuer Chancen und Risiken muß aber nicht nur Deutschland, alle Staaten müssen ihre Politik und Strategie neu ausrichten. Das gilt besonders für die transatlantische Gemeinschaft und das Kernstück ihrer Stabilität und Sicherheit: die Nordatlantische Allianz. Die Ausrichtung der Allianz auf neue Aufgaben ist Abbild der heutigen durch Kontinuität und Wandel gekennzeichneten internationalen Lage.

Die Allianz bleibt das stärkste Bindeglied zwischen Europa und Nordamerika. Das politisch-strategische Verhältnis Europas zu Nordamerika gründet sich auf gemeinsame Werte und gleichgerichtete Interessen. Das ist der Kern des Bündnisses, nicht etwa die Existenz einer unmittelbaren Bedrohung.

Die militärische Präsenz der USA in Europa ist das sichtbarste Element dieser strategischen Verbindung. Die Tatsache der Stationierung von US-Streitkräften hier ist dabei von größerer Bedeutung als deren eigentlicher Umfang – solange sie einen signifikanten militärischen Beitrag zur gemeinsamen Sicherheitsvorsorge leisten. Daher sind die geplanten Reduzierungen der US-Truppen auf unserem Kontinent aus meiner Sicht eher Ausdruck der verminderten Bedrohung als Ausdruck eines verminderten Engagements Amerikas in Europa.

Die amerikanischen Streitkräfte in Europa werden weiter der konkrete Ausdruck der strategischen Verbindung zwischen den beiden transatlantischen Pfeilern sein. Sie bleiben unentbehrlich für die Stabilität und Sicherheit in und für Europa. Dafür, daß wir den unverzichtbaren strategischen Rückhalt der USA behalten, gibt es jedoch zwei grundlegende Bedingungen: Erstens die amerikanische Teilhabe an den politischen Prozessen in Europa und zweitens eine faire Teilung von Lasten und Risiken. Nur unter diesen Bedingungen werden Kongreß und Bevölkerung der Vereinigten Staaten eine signifikante Truppenpräsenz der USA in Europa akzeptieren. Sie dienen sowohl den vitalen Interessen Amerikas und als auch denen Europas.

Wenn die NATO auf ihrem Erfolg weiter aufbauen und sich neuen Herausforderungen erfolgreich stellen will, dann muß sie sich wandeln. Sie muß sich weiter an das völlig veränderte globale politisch-strategische Umfeld anpassen.

Herausforderungen dieser Art sind für die Allianz nicht neu. Die flexible Anpassung an die Entwicklung der sicherheitspolitischen Lage war immer ein prägendes Charakteristikum der NATO. Dazu gehörte auch die Aufnahme neuer Mitgliedstaaten und die Weiterentwicklung ihrer Strategie. Dies war der Schlüssel zu ihrem bisherigen beispiellosen Erfolg.

Die Ergebnisse des NATO-Gipfels 1991 in Rom haben den bisher größten Anpassungsprozeß ausgelöst – von der Konfrontation zur Kooperation mit den früheren Gegnern. Wir wußten aber schon damals, daß weitere Änderungen bevorstünden. Wir wußten, daß die neue strategische Konzeption nur eine vorläufige Lösung für eine Übergangszeit sein konnte. Heute sehen wir, daß unsere Beurteilung richtig war.

Jetzt dürfen wir keine Zeit mehr verlieren, Antworten auf die neuen strategischen Herausforderungen zu geben. Ich sehe dreierlei im Vordergrund:

o   das Voranbringen des europäischen Einigungsprozesses,
o   die Neugestaltung der transatlantischen Beziehungen und
o   die Entwicklung einer Konzeption für die gemeinsame Krisenbewältigung inner- und außerhalb Europas.

III.

In Europa ist der Integrationsprozeß in eine entscheidende Phase getreten. Am 1. Januar 1993 trat der Europäische Binnenmarkt in Kraft. In diesem Jahr soll der Vertrag von Maastricht ratifiziert werden. Und in diesem Jahr werden die ersten mittelosteuropäischen Staaten assoziierte Partner der EG. Das ist ebenso bedeutsam wie die Verhandlungen mit Österreich, Finnland und Schweden über deren EG-Mitgliedschaft. Deutschland hat viel Überzeugungsarbeit geleistet, um die europäische Integration für die skandinavischen Länder attraktiv zu machen.

Europa muß seine Kräfte auf allen Gebieten bündeln — politisch, wirtschaftlich und strategisch. Die neue multipolare Welt braucht handlungsfähige Akteure. Die alten Nationalstaaten können diese Rolle nicht mehr allein ausfüllen — nicht einmal die stärksten unter ihnen. Nur die Europäische Union ermöglicht es, daß wir uns dauerhaft von einer Politik wechselnder Koalitionen und machtpolitisch begründeter Rivalitäten lösen. Dies ist ein Weg ohne Umkehr, wie Jean Monnet einmal sagte.

Europa muß in der Lage sein, mit einer Stimme zu sprechen, wenn es die gemeinsamen Interessen der europäischen Staaten nach außen vertreten soll. Nur als global handelnder Akteur wird es sich unter den neuen strategischen Bedingungen behaupten können.

Dem europäischen Integrationsprozeß liegt ein großes Ziel zugrunde: die politisch-strategische Einheit Europas. Kooperation und Integration sind die Schlüsselbegriffe der Zukunft. Wir brauchen eine »Gemeinsame Außen- und Sicherheitspolitik«, die diesen Namen aber auch wirklich verdient. Dazu müssen wir eine europäische Verteidigungsidentität als festen Bestandteil der Europäischen Union schaffen. In Maastricht haben wir einen entscheidenden Schritt in diese Richtung getan. Und vor kurzem

wurde mit der Aufstellung des Euro-Korps der Kern europäischer Streitkräfte geschaffen.

Der europäische Integrationsprozeß bietet Europa alle Chancen für eine
kreative Rolle bei der Gestaltung der internationalen Beziehungen. Jeder
Partner auf unserem Kontinent bringt seine alten, im Laufe der Geschichte
gewachsenen Bindungen und seine strategischen Verflechtungen ein:
Großbritannien zu seinem früheren Commonwealth; Frankreich zu vielen
frankophonen Regionen, besonders in Afrika; Italien, Spanien, Portugal
und auch Deutschland zu Mittel- und Südamerika; und schließlich
Deutschland als zentral gelegene Nation im Herzen des Kontinents, aber
auch als Ostseeanrainer seine alten und neuen Bindungen zu den Staaten
Nord-, Mittel- und Osteuropas.

Wir Europäer müssen diese einmalige Konstellation nutzen. Damit werden wir den europäischen Pfeiler der Nordatlantischen Allianz stärken. Sie
braucht feste Fundamente auf beiden Seiten des Atlantiks.

Wirtschaftskraft und die Fähigkeit zur technologischen Innovation sind
zur entscheidenden Währung für Stabilität und Sicherheit geworden.
Wenn Europa wirtschaftlich konkurrenzfähig bleiben soll, ist die Europäische Union ein Muß. Internationaler Wettbewerb darf dabei aber nicht zu
neuen Konfrontationen, zu Festungsdenken oder zu nationalen Alleingängen führen. Niemand mit Verantwortungsbewußtsein — sei es in Japan,
Nordamerika oder Europa — kann daher ein Scheitern der Uruguay-Runde
der GATT-Gespräche zulassen.

Europäische Integration und vertrauensvolle transatlantische Partnerschaft schließen einander nicht aus. Europa und Nordamerika bleiben eine
Werte- und Interessengemeinschaft. Wir teilen die Risiken, werden aber
auch gemeinsam den Erfolg ernten, wenn es uns gelingt, Frieden und
Wohlstand zu schaffen.

Wir müssen die transatlantische Partnerschaft auf eine neue Grundlage
stellen. Was wir brauchen, ist eine neue Partnerschaft von Gleichen —
Amerika als Partner, der die Gestaltung des neuen Europas unterstützt, und
ein Europa, das mehr Verantwortung für sich selbst und für die Förderung

des Weltfriedens übernimmt. Dies umso mehr als auch unser amerikanischer Partner seine Rolle sowohl als Weltmacht als auch im Rahmen der Nordatlantischen Allianz neu definiert. Es gilt jetzt, diese beiden Prozesse miteinander zu harmonisieren.

Dazu müssen wir unsere Allianz weiterentwickeln. Wir müssen die politisch-strategische Konzeption der NATO den neuen Bedingungen anpassen, so daß sie den Wandel im transatlantischen Verhältnis zum Ausdruck bringt. Das wird sich auch auf Organisation und Strukturen der NATO auswirken.

IV.

Nie zuvor in der Geschichte Europas wurde versucht, die Zusammenarbeit auf demokratischer und marktwirtschaftlicher Grundlage in ganz Europa zu verwirklichen. Vertiefung und Erweiterung der EG müssen daher parallele Prozesse sein. Ohne Öffnung nach Osten können wir die innere Vollendung der EG nicht voranbringen. Ohne unsere Nachbarn in Mittel- und Osteuropa bliebe die strategische Einheit Europas Stückwerk und Illusion.

Der Übergangsprozeß stellt die neuen Demokratien auf allen Gebieten vor schwere Probleme: wirtschaftlich, finanziell, industriell, sozial, ethnisch und politisch. Der Erfolg der Reformen in Osteuropa wird davon abhängen, ob das Leben in Freiheit mit einer wirklichen Verbesserung der Lebensbedingungen einhergeht.

Zur Stabilisierung des umfassenden Reformprozesses brauchen die neuen Demokratien ein Mindestmaß an wirtschaftlichem Erfolg. Jetzt, da dort die Demokratie gesiegt hat, müssen wir gemeinsam auf die Überwindung des Wohlstands- und Sicherheitsgefälles zwischen Ost- und Westeuropa hinarbeiten. Wir dürfen die Menschen nicht enttäuschen.

Früher haben wir uns für das Recht der Menschen dort eingesetzt, das Land verlassen zu können. Heute gilt es, die Bedingungen zu schaffen, unter denen es sich für sie lohnt zu bleiben. Das Pochen auf dem Ausreiserecht war ein politisches Instrument der Vergangenheit, das Bleiberecht ist eines für die Zukunft.

Während des Kalten Kriegs war die Nichteinmischungspolitik ein hochrangiges politisches Prinzip. Zunehmend gibt es jetzt einen internationalen Konsens dafür, Unterdrückung ethnischer Minderheiten und Verstöße gegen die Menschenrechte im Inneren eines Staates durch die Staatengemeinschaft nicht mehr zu tolerieren. Sowohl die Vereinten Nationen als auch die KSZE müssen entsprechende politische Instrumente zur Einflußnahme auf rechtsstaatliches innenpolitisches Verhalten der einzelnen Mitgliedstaaten entwickeln.

Das ist nicht nur eine Frage der Menschlichkeit, sondern vor allem auch ein nüchternes Gebot der Sicherheit. Der Aufbau des Ostens ersetzt jetzt viele unserer Divisionen aus der Zeit des Kalten Krieges. Gleichzeitig reduzieren wir den Migrationsdruck auf Westeuropa, der jetzt von diesem Raum ausgeht und langfristig auch eine Bedrohung für die innere Stabilität unserer Demokratien darstellt. Dies ist eine Conditio sine qua non für die Stabilität des ganzen Kontinents.

Der Aufbau des Ostens muß für die gesamte Europäische Gemeinschaft politische Priorität bekommen. Ich nenne das einen »Europäischen Solidarpakt«. Die »Eindämmungspolitik« des Kalten Krieges muß durch eine Politik politischer und wirtschaftlicher Kooperation und Entwicklung abgelöst werden.

Die wirtschaftliche Revitalisierung Mittel- und Osteuropas kann aber keine alleinige deutsche Veranstaltung sein. Mein Land kann die Rechnung für die Reformen im Osten nicht allein bezahlen. Es kann auch nicht alle Wirtschaftsflüchtlinge aufnehmen — und damit unfreiwillig die Funktion eines »cordon sanitaire« für das übrige Europa übernehmen. Was wir brauchen, ist eine große gemeinsame Anstrengung. Wir stehen einer für ganz Europa lebenswichtigen Frage gegenüber. Aber nicht einmal die enormen Ressourcen Europas genügen zur Bewältigung dieser gewaltigen Herausforderung. Das ist eine strategische Aufgabe, der sich die drei wirtschaftlichen Kraftzentren — Nordamerika, Europa und Japan — gemeinsam stellen müssen. Die G-7 sind gefordert.

Was für die wirtschaftliche Dimension zutrifft, gilt auch für die sicherheitspolitische. Wir dürfen unsere Nachbarn im Osten nicht von den euro-atlantischen Sicherheitsstrukturen ausschließen. Osteuropa darf auch sicherheitspolitisch kein »konzeptionelles Niemandsland« sein.

Wir müssen eine politische Konzeption entwickeln, die zwei Forderungen erfüllt: Erstens muß sie die vitalen Sicherheitsinteressen unserer Nachbarn im Osten berücksichtigen und die Tatsache, daß diese Staaten immer der europäischen Völkergemeinschaft angehört haben. Zweitens muß diese Konzeption auch die Auswirkungen einer erweiterten Mitgliedschaft auf die strategische Stabilität im gesamten euro-atlantischen Raum berücksichtigen. Wir brauchen einen ausgewogenen Ansatz.

Die riesigen Potentiale und die geostrategische Lage Rußlands sprengen europäische Dimensionen. Sie schließen die Mitgliedschaft in der Europäischen Union und in unseren Bündnissen aus. Dies muß aber kompensiert werden – durch verstärkte sicherheitspolitische Kooperation im Rahmen des NATO-Kooperationsrates, der Vereinten Nationen und der KSZE und ergänzt durch ein Netz politischer und wirtschaftlicher Zusammenarbeit.

Es gibt noch keinen endgültigen Bauplan für die künftigen politischen Strukturen im euro-atlantischen Raum. Wir können es uns aber nicht leisten, die erforderlichen Entscheidungen aufzuschieben, bis perfekte Pläne für ein neues Europa erarbeitet sind. Deshalb müssen wir pragmatisch vorgehen und dürfen nicht zu viel theoretisieren.

Die Atlantische Allianz darf keine »geschlossene Gesellschaft« sein. Ich kann keinen stichhaltigen Grund dafür sehen, künftigen Mitgliedern der Europäischen Union die NATO-Mitgliedschaft vorzuenthalten. Ich frage mich auch, ob die Mitgliedschaft in der Europäischen Union unbedingt dem Beitritt zur NATO vorausgehen muß.

Manche Staaten werden länger brauchen, um den hohen wirtschaftlichen und sozialen Standard der Europäischen Union zu erreichen. Wirtschaftliche Hürden, die selbst von manchen derzeitigen EG-Mitgliedstaaten kaum überwunden werden können, dürfen nicht zu unüberwindlichen Hindernissen für einen NATO-Beitritt werden. Bei der Entwicklung von Maßstäben für die NATO-Mitgliedschaft sollten wir Automatismen und starre Regeln vermeiden. Wir brauchen eine klare Analyse der gemeinsamen Interessen, Werte und politischen Ziele.

Diese Voraussetzung für die Weiterentwicklung der strategischen Konzeption der Allianz ist von entscheidendem Gewicht. Wir müssen uns diesen Fragen jetzt widmen. Wir täten gut daran, vor einem NATO-Gipfel, der möglicherweise im Lauf dieses Jahres stattfindet, zu Ergebnissen zu kommen.

V.

Die Analyse wäre unvollständig, wenn wir nicht das gesamte Risikospektrum betrachteten. Unsere Beurteilung der Lage muß der globalen Dimension der transatlantischen Sicherheit Rechnung tragen. In den Zeiten des Kalten Krieges war die internationale politische Struktur durch den ideologischen Gegensatz zweier konkurrierender politischer Systeme gekennzeichnet: Demokratie und Totalitarismus. Das ist heute Geschichte. Jedoch hat sich eine andere Form der Konkurrenz herausgebildet, die die Gestaltung der heutigen internationalen Ordnung in vergleichbarer Weise beeinflußt: die Auseinandersetzung zwischen den Kräften der Integration und denen der Fragmentierung.

Integration vollzieht sich auf vielen Feldern: Die Ausweitung der Handelsbeziehungen, revolutionierende Entwicklungen in der Kommunikation und Technologie, der grenzüberschreitende Fluß von Ideen, Gütern und Kapital, multinationale Unternehmen, kollektive Sicherheitsorganisationen und internationale Wirtschaftsgemeinschaften verbinden alle Teile der Welt miteinander.

Es wirken aber auch Kräfte der Zersplitterung, die alte und neue Schranken zwischen Staaten und Völkern errichten. Nationalstaatliches Denken kann zwar durchaus als natürlicher Ausdruck der Befreiung und Selbstfindung der neuen Demokratien begriffen werden. Zugleich hat der Wandel aber auch alte Gegensätze aufbrechen lassen. Alter und neuer Nationalismus schlägt um in gewaltsamen Chauvinismus und Ethnozentrismus. Im früheren sowjetischen Machtbereich waren die jahrhundertealten Konfliktstrukturen nur gewaltsam unterdrückt, aber nie politisch überwunden. Heute enthüllen sie auch das furchtbare Erbe, das die neuen Demokratien in Mittel-, Ost- und Südosteuropa von den totalitären Regierungen übernommen haben. Andere große Herausforderungen für unsere gemeinsamen Interessen sind die Verbreitung von Massenvernichtungswaffen und ballistischen Flugkörpern, der internationale Terrorismus und Bedrohungen für die Umwelt.

Die Risiken und Herausforderungen von heute und morgen entziehen sich einer exakten Prognose. Sie sind komplex und nicht genau definierbar. Vor diesem Hintergrund ist es nicht weiter zu vertreten, wenn die Sicherheitsvorsorge der NATO künftig allein durch die Verteidigungsaufgabe bestimmt würde. Es wäre ein strategischer Luxus – wie Les Aspin es nennt – die Sicherheitsvorsorge der NATO nur auf den heute unwahrscheinlichsten Fall, den großangelegten Angriff gegen NATO-Mitgliedstaaten, auszurichten.

Gemeinsame Verteidigung und Abschreckung bleiben wichtige Elemente der NATO-Strategie als Rückversicherung und äußerste Mittel. Abschreckung im alten Sinne der Ost-West-Konfrontation aber ist überholt. In Zukunft muß Abschreckung als Element eines umfassenden Krisenbewältigungskonzepts mit Kooperation verbunden sein. Die politisch-strategische Konzeption der NATO muß zu einer gemeinsamen Krisenbewältigungsstrategie weiterentwickelt werden. Die Allianz-Streitkräfte sollten auch zu Mitteln einer präventiven Diplomatie werden.

Der Kampfeinsatz von Streitkräften ist zwar die letzte Möglichkeit, politische Ziele zu erreichen. In dem Bemühen, Krisen friedlich zu lösen, kann der vorbeugende Einsatz von Streitkräften jedoch zu einem entscheidenden Element werden. Daher haben Streitkräfte heute mehr und mehr die Funktion eines Katalysators, der die Bedingungen für Frieden und Freiheit schafft. Unter bestimmten Umständen müssen sie die Voraussetzungen schaffen für einen Neuansatz der Politik.

Das Beispiel des ehemaligen Jugoslawien zeigt die Notwendigkeit für den eindeutigen politischen Willen, in einer regionalen Krise frühzeitig mit allen geeigneten und verfügbaren Mitteln von einer gewaltsamen Eskalation abzuschrecken. Das gilt nun besonders für den Kosovo und die angrenzenden Regionen. Es ist entscheidend, heute eindeutige Signale zu setzen, die jeden möglichen Angreifer abschrecken.

Als Beitrag zur Krisenprävention und Konfliktbeendigung muß die Allianz ihre Handlungsfähigkeit im Rahmen der Vereinten Nationen und der KSZE weiter verbessern. Die Debatte, die immer wieder über den Einsatz der NATO »in and out of area« geführt wird, ist artifiziell und geht am Kern der Sache vorbei. Das Potential der NATO muß auf die Fähigkeit zugeschnitten sein, örtlich, zeitlich und nach Intensität ganz unterschiedliche Krisen und Konflikte zu bewältigen. Und dies auch in militärischer Zusammenarbeit mit Partnern, die nicht Mitglieder der Allianz sind.

In Sicherheitfragen, die sich auf die europäische Stabilität auswirken können, wird Rußland immer ein wichtiger Partner sein. Daher ist es für uns unabdingbar, mit Rußland eng zusammenzuarbeiten. Unsere nächsten Nachbarn im Osten spielen ebenfalls eine wichtige Rolle. Sobald die verfassungsrechtliche Frage in Deutschland gelöst ist, kann ich mir zum Beispiel gemeinsame militärische Maßnahmen Polens und Deutschlands im Rahmen von UN-Operationen vorstellen.

VI.

Ich bin mir bewußt, welche Herausforderungen sich aus einigen meiner Vorschläge ergeben. Aber schon mein amerikanischer Lieblingsdichter Robert Frost sagt: »Freedom consists in being bold«.

Ich schlage daher vor, die Weiterentwicklung unserer Allianzpolitik und -strategie auf allen drei Ebenen zu verfolgen:

Auf **politischer Ebene** sollten wir mehr als früher zur Stützung des wirtschaftlichen Wiederaufbaus Osteuropas tun. Dazu brauchen wir eine umfassende euro-atlantische Konzeption, in der die wirtschaftlichen und politischen Beiträge Nordamerikas und der EG, aber auch die vielfachen bilateralen Vorhaben zusammengefaßt und koordiniert werden.

Darüber hinaus sollten wir jetzt mit der Diskussion über die Frage der Erweiterung der Allianz beginnen und diese Debatte aktiv in den entsprechenden Gremien der Allianz führen. Und wir sollten prüfen, wie die neue Qualität der transatlantischen Beziehungen und die Aufgabe der Krisenbewältigung sich in unseren Strukturen niederschlagen muß.

Auf **verteidigungspolitischer Ebene** muß das strategische Konzept der NATO auf die Forderungen der gemeinsamen präventiven Krisenbewältigung zugeschnitten werden. Dabei gilt es, die wahrscheinlichsten Risiken zu berücksichtigen.

Auf **militärischer Ebene** muß die Kommando- und Streitkräftestruktur der NATO so umgestaltet werden, daß sie den Forderungen der Krisenbewältigung besser gerecht wird. Wir sollten multinationale militärische Kräfte schaffen, die als Bausteine für die europäische Verteidigung, für die Kooperation mit neuen Mitgliedsstaaten, aber auch mit Nichtmitgliedsstaaten zusammengestellt werden können.

Die deutschen Streitkräfte werden zur Zeit entsprechend umstrukturiert. Gerade jetzt meistert die Bundeswehr eine vierfache Herausforderung — die Reduzierung der Truppenstärke von rund 660 000 auf 370 000 Mann, die Umstrukturierung, die Neudislozierung im gesamten Osten Deutschlands und die Neuausrichtung auf einen neuen Auftrag. Diese Herausforderung muß unter dem Zwang erheblicher Kürzungen des Verteidigungshaushalts gemeistert werden. Diese Kürzungen haben zugleich die Unterstützung vieler Menschen für die Bundeswehr mobilisiert.

Der neue Auftrag der Bundeswehr ist klar. Sie wird einen angemessenen Anteil an den neuen Aufgaben sowohl in der NATO als auch in der WEU übernehmen. Ich weiß, daß von allen Partnern wir Deutsche den weitesten Weg zurückzulegen haben. Aber ich zweifele nicht daran: Deutschland wird zu seinen Verbündeten aufschließen, und gemeinsam werden wir die Allianz so gestalten, daß sie den Herausforderungen unserer gemeinsamen Zukunft gewachsen ist.

Zukunftsaufgaben
deutscher Sicherheitspolitik

Rede auf der Jahrestagung der Deutschen Gesellschaft für Wehrtechnik e.V. am 31. März 1993 in Bonn-Bad Godesberg.

»Wir brauchen ... ein neues rüstungspolitisches Konzept.«

I.

Deutschland steht vor großen Herausforderungen. Ihre Dimensionen sind noch immer nicht überall im gebotenen Umfang ins Bewußtsein gerückt – weder die Risiken und Gefahren noch die enormen Chancen. Es geht um zwei überragende Aufgabenfelder: die Gestaltung der inneren Einheit und die künftige internationale Rolle Deutschlands.

Wir müssen den Aufbau des Ostens kraftvoll voranbringen. Die Vollendung der Einheit – das ist die gesamtstaatliche Hauptaufgabe, die alle anderen Aufgabenfelder überragt. Sie ist auch eine sicherheitspolitische Notwendigkeit: Die innere Stabilität eines Landes ist das Fundament seiner äußeren Sicherheit und seines außenpolitischen Gewichts.

Der Durchbruch bei den Bemühungen um den »Solidarpakt« ist ein grosser Schritt nach vorn. Es ist nicht zu bestreiten: Wir sind auf gutem Wege. In Ostdeutschland geht es voran, besonders bei Infrastruktur, Telekommunikation und Verkehr. Wirtschaft und Staat haben bisher insgesamt 225 Mrd DM investiert. Der Anteil der Investitionen am Bruttoinlandsprodukt hat 1992 die in der Geschichte der Bundesrepublik einmalige Höhe von 47 Prozent erreicht. Jetzt kommt es darauf an, ganz Deutschland als Wirtschaftsstandort für die Herausforderungen der Zukunft zu wappnen und die Wachstumskräfte der Wirtschaft insgesamt zu stärken.

Parlament und Öffentlichkeit erwarten zu Recht, daß der Aufwand für die Sicherheitsvorsorge den finanziellen Möglichkeiten und den sicherheitspolitischen Notwendigkeiten angepaßt wird. Denn heute ist Deutschland nur von befreundeten Demokratien umgeben. Wir sind nicht mehr unmittelbar bedroht. Unsere östlichen Nachbarn und mancher neutrale Staat würden lieber heute als morgen unsere Partner in EG, Westeuropäischer Union und NATO werden.

II.

So sehr die innere Lage Deutschlands Anlaß zu Optimismus gibt, so sehr gibt unser internationales Profil Grund zur Sorge. Hier besteht drängender Entscheidungsbedarf. Die dramatischen politisch-strategischen Veränderungen haben größte Bedeutung für die Sicherheit und Interessen unseres Landes.

Als kontinentale Mittelmacht und weltmarktabhängige Exportnation ist Deutschland in besonderem Maße auf die weltweite Geltung des Völkerrechts, auf Stabilität in ganz Europa und auf das Bündnis mit den großen Demokratien und Seemächten angewiesen. Internationale Solidarität liegt daher in unserem vitalen Interesse. Bündnis- und Kooperationsfähigkeit sind Teil unserer Staatsräson. Solidarität aber ist keine Einbahnstraße. Nur die Bereitschaft zur Mitverantwortung und zum gleichen Risiko erhält uns auf Dauer internationalen Einfluß und Sicherheit.

Nach dem Ende des Kalten Krieges ist eben nicht der »ewige Frieden« Wirklichkeit geworden. Zahlreiche alte und neue Konflikte, latente Krisen und neue strategische Trends bestimmen die internationale Lage. Es erscheint paradox: Der Ost-West-Konflikt wurde ohne Krieg überwunden, aber danach ist der Krieg nach Europa zurückgekehrt.

Osteuropa ist ein Krisenherd. Rußland wird von innenpolitischen Auseinandersetzungen erschüttert. International wird Rußland ein schwieriger Partner, wenn außenpolitisches Handeln stark von innenpolitischem Kalkül beeinflußt wird. Politischer Konsens mit Rußland ist jedoch zur Lösung vieler internationaler Krisen unabdingbar.

Ich ziehe daraus drei Schlußfolgerungen: Jetzt muß umfassende politische und wirtschaftliche Unterstützung für den Reformprozeß des russischen Präsidenten Jelzin mobilisiert werden. Sein Scheitern käme uns alle politisch teuer zu stehen. Wir dürfen aber die anderen Staaten der GUS, allen voran die Ukraine, nicht vergessen. Es geht um die Stabilität des gesamten Raums. Und schließlich zeigt die Lage wieder einmal, wie schnell die Geschichte sich ändern kann. Eine stabile NATO ist für uns daher weiter lebensnotwendig.

Auch außerhalb Europas nehmen die Risiken zu. Unterentwicklung, Überschuldung, beschleunigte Bevölkerungszunahme und religiöser Fundamentalismus bilden vielerorts ein brisantes Gemisch. Der Fall »Nordkorea« hat uns die Dramatik nuklearer Proliferation und die Dringlichkeit wirkungsvoller internationaler Gegenmaßnahmen drastisch vor Augen geführt.

Neben den Risiken sind Politik und Strategie unserer wichtigsten Bündnispartner für unsere Sicherheitsvorsorge ausschlaggebend − allen voran die der USA. In der künftigen amerikanischen Außen- und Sicherheitspolitik hat die ökonomische Konsolidierung der USA hohe Priorität − auch für die Fundierung ihrer Weltmachtrolle. Diesem Ziel entsprechen deutliche Einschnitte in den Verteidigungshaushalt, die entschlossene Absicht, mehr Lasten auf die Verbündeten zu verlagern, und das Bemühen, Krisen und Konflikte mit ihnen gemeinsam zu bekämpfen.

So groß wie die Herausforderungen, so groß sind aber auch unsere Chancen. Der Sicherheitsgewinn für unser Land insgesamt ist historisch einmalig. Deutschland ist die verbindende Mitte Europas geworden. Und dies eröffnet auch unserer Wirtschaft enorme Entwicklungschancen.

Europa wächst trotz der aktuellen Krisen zusammen. Unsere östlichen Nachbarn haben sich für Demokratie und Marktwirtschaft entschieden. Ehemalige Gegner wurden neue Partner. Wir haben jetzt die Chance, Frieden, Freiheit und eine offene, gerechte Wirtschaftsordnung weltweit mitzugestalten. Europa kann dafür seine alten, gewachsenen Bindungen in viele Teile der Welt als strategisches Netzwerk nutzen, um die internationale Zusammenarbeit zu stärken. Deutschland als die zentral gelegene Macht, aber auch als Ostsee-Anrainer kann alte und neue Verbindungen vor allem zu den Ländern Nord-, Zentral- und Osteuropas einbringen.

III.

Aus der Beurteilung der Risiken, der strategischen Entwicklungen und der Chancen ergibt sich unser sicherheitspolitischer Handlungsbedarf. Ich sehe ihn vor allem auf vier Feldern:

1. Wir brauchen einen ökonomischen »Solidarpakt Mittel- und Osteuropa«.

Die Vertiefung der Integration Europas muß mit ihrer Erweiterung einhergehen. Die europäische Einigung darf nicht an Oder und Neiße enden. Die Länder Mittel- und Osteuropas sind Teil des sich politisch und wirtschaftlich einigenden Europas. Dabei ist es in unserem ureigensten Interesse, den Wandel zu Demokratie und Marktwirtschaft unumkehrbar zu machen. Dies ist die wichtigste Investition in unsere Sicherheit und gemeinsame Zukunft.

Was wir jetzt nicht tun, kommt uns später teuer zu stehen. Gestern sind wir für das Recht der Menschen eingetreten, die von kommunistischer Diktatur beherrschten Länder verlassen zu können. Heute kommt es darauf an, die Voraussetzungen dafür zu schaffen, daß sie bleiben. Das kann aber nicht nur eine deutsche Aufgabe sein. Über 50 Prozent der bisherigen GUS-Hilfe hat Deutschland geleistet. Doch die Größe der Aufgabe erfordert die konzertierte Anstrengung aller — Westeuropas, der Vereinigten Staaten und auch Japans. Die G-7 sind gefordert.

2. Wir wollen eine NATO, die die beiden Bündnispfeiler Europa und Nordamerika als gleiche Partner strategisch verbindet.

Wir wollen eine Partnerschaft von Gleichen. Das macht nur Sinn, wenn wir die Integration ganz Europas zu einer strategischen Einheit vorantreiben. Mittel- und Osteuropa können auch in sicherheitspolitischer Hinsicht kein »konzeptionelles Niemandsland« sein.

Mit der bevorstehenden Assoziierung an die Europäische Gemeinschaft ist die Mitgliedschaft der VISEGRAD-Staaten Polen, Ungarn, der Tschechischen und der Slowakischen Republik in EG und WEU im Grundsatz politisch vorbestimmt. Damit stellt sich auch die Frage, wann und unter welchen Umständen diese Länder Mitglied der NATO werden können. Zur Beantwortung dieser Frage brauchen wir ein klares Verständnis unserer gemeinsamen Interessen, Werte und politischen Vorstellungen. Ziel muß sein, das sicherheitspolitische Vakuum östlich von Deutschland zu füllen und die Stabilität in der gesamten Region zu erhöhen.

Dies liegt auch im Interesse Rußlands und der anderen GUS-Staaten. Dennoch gilt es, Fehlperzeptionen und einer möglichen Abkoppelungsfurcht zu begegnen. Ein breitangelegtes Kooperationskonzept mit den Staaten der GUS muß deshalb eine mögliche Erweiterung der NATO flankieren und ein tragfähiges Netzwerk des Vertrauens und der Zusammenarbeit knüpfen.

3. Die NATO muß jetzt ihr strategisches Konzept weiterentwickeln.

Die Allianz bleibt die entscheidende Grundlage der transatlantischen Beziehungen und der Sicherheit in Europa. Aber wir müssen sie weiter auf die veränderten strategischen Herausforderungen ausrichten.

Verteidigungsvorbereitungen nur für den unwahrscheinlichsten aller Fälle, den großangelegten Angriff, wären ein strategischer Luxus, den sich niemand mehr leisten kann und will. Das Krisenpotential jenseits der NATO-Grenzen zwingt das Bündnis dagegen zur flexiblen Bewältigung regionaler Krisen und Konflikte ohne geographische Beschränkungen.

Neben einem Spektrum präventiver Maßnahmen des politischen Krisenmanagements sind dafür präsente, multinationale Kommando- und Streitkräftestrukturen notwendig. Diese Kräfte müssen auch mit Nicht-Mitgliedern kooperieren können.

4. Deutschland muß seine außenpolitischen Ziele definieren und für sie Konsens in Politik, Parlament und Bevölkerung gewinnen.

Unsere Standortbestimmung in der jetzigen Umbruchsphase muß durch Kontinuität und Wandel geprägt sein. Über vier Jahrzehnte waren wir ein berechenbarer, zuverlässiger Partner. Wir haben den stärksten Verteidigungsbeitrag in Europa geleistet. Heute stehen andere Erfordernisse im Vordergrund. Deutschland darf nicht zögern und denen seine Solidarität verweigern, die uns so lange geschützt haben. Für unsere Verbündeten wäre dies eine nicht nachvollziehbare Diskontinuität deutscher Außen- und Bündnispolitik.

Es ist kurzsichtig, die Problematik auf die formal-rechtlichen Aspekte künftiger Aufgaben der Bundeswehr zu verengen. Das verstellt den Blick auf den Kern. Es geht um eine viel weiterreichende Frage: die Rolle des souveränen Deutschlands im fundamental gewandelten internationalen System. Es geht um unseren künftigen Einfluß auf internationale Entscheidungen.

Den klassischen »NATO-Fall« wird es nicht mehr geben. Deutschland kann seine Bündnistreue und Berechenbarkeit daran nicht länger festmachen. Der »NATO-Fall« der Zukunft liegt im multinationalen Krisenmanagement, auch außerhalb des Bündnisgebiets. Wir können und wollen uns dabei nicht prinzipiell anders verhalten als unsere Partner.

Am 15. Januar hat die Regierungskoalition den Entwurf für eine Ergänzung des Grundgesetzes vorgelegt, mit dem die Aufgaben der Bundeswehr als eines Instruments der Politik klargestellt werden. Sie soll auch außerhalb Deutschlands auf der Grundlage der UN-Charta zur Vorbeugung, Beherrschung und Beendigung von Konflikten eingesetzt werden können – im Rahmen der UN, der KSZE, der NATO wie auch im Rahmen einer gemeinsamen europäischen Sicherheits- und Verteidigungspolitik.

Dabei gilt: Die Bundeswehr wird nicht an jeden Krisenort dieser Erde geschickt. Deutschland wird nie allein handeln, immer nur zusammen mit Verbündeten und Partnern. Es gibt keinerlei Automatismus. Jeder Einzelfall soll an unseren Grundwerten und unseren Interessen gemessen, im

Bewußtsein unserer historischen Verantwortung abgewogen und durch das deutsche Parlament entschieden werden.

Aus meiner Sicht gibt es zu diesem Ansatz keine verantwortbare Alternative. Wenn Deutschland jetzt nicht die Kraft findet, die notwendigen Entscheidungen rasch und umfassend zu treffen, kommt es zu einer verhängnisvollen Marginalisierung der deutschen Politik. Deutschland droht dann eine internationale Statistenrolle.

IV.

Die Bundeswehr von morgen muß konsequenter Ausdruck der neuen Sicherheitslage sein — quantitativ und qualitativ. Es geht darum, sie auf das neue Anforderungsprofil einzustellen. Es geht auch darum, mit weniger Mitteln auszukommen. Und es geht darum, Einsparungen und Sicherheit in ein kohärentes Gesamtkonzept zu bringen.

Der neue konzeptionelle Grundkurs liegt seit dem 15. Dezember letzten Jahres fest. Er setzt klare Prioritäten für den Aufbau der Krisenreaktionskräfte — bei deutlicher Reduktion und Kaderung der Hauptverteidigungskräfte. Dieser Ansatz bestimmt die Zuordnung der Ressourcen und damit die künftige Rüstungspolitik.

Der künftige Auftrag der Bundeswehr ist mit der Herausgabe der Verteidigungspolitischen Richtlinien am 26. November 1992 präzise definiert. Was jetzt noch fehlt, liegt nicht in der Verfügungsgewalt des Verteidigungsministers: die konstitutionellen Voraussetzungen, der parlamentarische Konsens und die finanziellen Rahmenbedingungen.

In diesem Jahr müssen wir zur Haushaltssicherung und für den Solidarpakt Kürzungen von 863 Mio DM, ab 1994 von jährlich 700 Mio DM zusätzlich verkraften. Ich habe deshalb zunächst auf alle Neubeschaffungen verzichten und einen generellen Auftragsstopp verfügen müssen. Außerdem waren weitere Eingriffe in die Stationierungsplanung unumgänglich.

Im Auftrag des Bundeskanzlers wird jetzt außerdem untersucht, wie in der zweiten Hälfte der neunziger Jahre unter Beibehaltung des eingeschlagenen Kurses eine bündnisfähige, einsatzbereite und modern ausgerüstete Bundeswehr erhalten und weiterentwickelt werden kann. Dabei prüfen wir auch den künftigen personellen Umfang. Der Generalinspekteur entwickelt zur Zeit alternative Modelle, die dann politisch bewertet und entschieden werden. Im Mai erwarte ich erste Ergebnisse.

V.

Die im Dezember getroffenen konzeptionellen Festlegungen sind aber keineswegs überholt. Im Gegenteil: Es zeigt sich, wie wichtig gerade eine solide konzeptionelle Grundlinie ist, wenn es um rasche Anpassungen der Planung geht.

Die Priorität für die Krisenreaktionskräfte bleibt. Allerdings wird sich die Schwerpunktsetzung zu Lasten der Hauptverteidigungskräfte noch deutlicher auswirken. Die Bundeswehr bleibt eine Wehrpflichtarmee. Dies ist gesellschaftspolitisch und militärisch geboten. Haushaltseinschnitte müssen sich an diesen Grundsätzen orientieren. Wir wollen keine konjunkturell bestimmte Bundeswehr. Der Finanzbedarf muß sich nach den Aufgaben richten.

Klar ist: Die Bundeswehr braucht künftig weniger und anderes Material. Wir brauchen also auch ein neues rüstungspolitisches Konzept. Es muß den künftigen sicherheitspolitischen Bedürfnissen gerecht werden und zugleich die finanziellen Rahmenbedingungen und wirtschaftlichen Perspektiven in Deutschland und in ganz Europa reflektieren. Damit sind tiefgreifende Konsequenzen für die wehrtechnische Industrie verbunden.

Wehrtechnische Fähigkeiten in Kernbereichen, die sicherheitspolitisch begründet sind, müssen erhalten bleiben. Wir wollen die moderne Ausrüstung der Bundeswehr und zugleich die internationale Kooperationsfähigkeit sicherstellen. Sie sind ein unverzichtbares Element unserer Bündnisfähigkeit. Zukünftig setzen wir aber den Schwerpunkt auf die Erhaltung von Kapazitäten, die uns zur Teilhabe an Systemtechnologien im internationalen Verbund befähigen. In dieser Hinsicht muß die internationale Kooperation weiter ausgebaut und noch besser genutzt werden.

Die konkrete Rüstungsplanung folgt dieser konzeptionellen Linie. Dabei stehen Informationstechnik und Elektronik, der Panzerbau, die Fertigung von Flugzeugen und Hubschraubern, der Schiffbau, besonders der U-Bootbau, und die Fertigung von Panzer- und Artilleriemunition zunächst im Vordergrund.

Unsere Landstreitkräfte bauen einen Teil ihrer mechanisierten Kräfte ab. Dafür werden leichte, luftbewegliche Verbände geschaffen. Das erfordert eine neue Bewaffnung und Ausrüstung für leichte Kampftruppen. Ein leicht gepanzertes Transportfahrzeug ist ebenso eingeplant wie ein moderner, leistungsfähiger Spähwagen. Ein neuer Transporthubschrauber und die Umsteuerung des geplanten deutsch-französischen Panzerabwehrhubschraubers zu einem Unterstützungshelikopter vervollständigen die neue Streitkräftekategorie.

Für die mechanisierten Teile der Krisenreaktionskräfte werden wir eine neue Panzerhaubitze beschaffen. Darüber hinaus verbessern wir den Schutz des Kampfpanzers Leopard 2 und halten ihn damit für die absehbare Zukunft einsatzfähig.

Die Seestreitkräfte werden den Schwerpunkt auf die Beteiligung an multinationalen Einsatzgruppen legen. Dazu werden sie neue Fregatten, modernste U-Boote und die dazugehörenden Versorger erhalten.

Der Schwerpunkt bei den Luftstreitkräften liegt in der Luftverteidigung mit einer ausgewogenen Mischung aus luft- und bodengestützten Einsatzmitteln. Das System PHANTOM wird über das Jahr 2000 im Einsatz gehalten. Es wird ergänzt durch 24 MiG-29, die wir aus den Beständen der NVA übernommen haben. Wir treffen planerische Vorsorge für ein neues Jagdflugzeug, das erst jenseits des Jahres 2000 zulaufen wird. Die Beschaffungsentscheidung steht nicht vor 1995 an.

Die eingeführten Flugabwehrraketensysteme bleiben im Dienst. Erst nach dem Jahr 2000 wird die HAWK ersetzt. Das im Golfkrieg bewährte

PATRIOT-System wird in seiner Leistung gesteigert. Der Jagdbomber TOR-NADO erhält zusätzliche Aufklärungskapazität und bleibt auf absehbare Zeit im Dienst.

Der Lufttransport hat an Bedeutung enorm gewonnen. Unsere TRANS-ALL-Transportflugzeuge werden technisch auf den neuesten Stand gebracht. Die notwendige weitreichende Lufttransportfähigkeit kann Deutschland aber nicht allein realisieren. Besonders dieser Bereich zeigt, was europaweit für alle Staaten gilt: Solche Rüstungsvorhaben sind nicht mehr in nationalen Alleingängen zu schaffen. Alle sind auf internationale Kooperation angewiesen. Der Wille zu einer gesamteuropäischen Wirtschaftsunion kann die Rüstungswirtschaft nicht ausschließen.

Wenn der Ansatz einer europäischen Rüstungsbasis aber Erfolg haben soll, sind Konsequenzen für die Rüstungsexportpraxis unumgänglich. Wir brauchen einheitliche europäische Rüstungsexportbestimmungen. Dabei sollten wir den restriktiven deutschen Ansatz grundsätzlich weiterverfolgen. Gleichzeitig muß aber auch Spielraum geschaffen werden, wenn die deutsche Rüstungsindustrie auf Dauer lebens- und konkurrenzfähig bleiben soll. Sie kann ja nicht von zwei Seiten her bedrängt werden: einerseits kaum Investitionsspielraum des Verteidigungsressorts und damit weniger Aufträge; andererseits eine äußerst restriktive Exportpolitik, die die Kooperation mit europäischen oder amerikanischen Partnern sogar bei Komponenten praktisch nicht zuläßt. Deshalb setze ich mich für eine europäische Lösung ein.

Ich erwarte aber auch die Kooperationsbereitschaft der Industrie – über legalistische Standpunkte hinaus und politisch weitblickend. Das Konzept für den Eurofighter 2000, das ich mit meinen britischen, spanischen und italienischen Kollegen vereinbart habe, folgt der Logik des gesamten Planungsansatzes für die Bundeswehr. Es entspricht den reduzierten sicherheitspolitischen Anforderungen und den langfristigen finanziellen Parametern.

Das heißt: Dieses Flugzeug muß erheblich billiger werden, die Entwicklung muß verlangsamt und die Kosten müssen auf mehrere Jahre verteilt werden. Wenn die gesamte Bundeswehr drastische Sparmaßnahmen verkraften muß, kann das neue Jagdflugzeug nicht ausgenommen werden. Nicht nur Parlament und Öffentlichkeit hätten dafür kein Verständnis. Wie soll ich einem Wehrpflichtigen verständlich machen, daß sein Entlassungsgeld gekürzt wird, die Entwicklung eines neuen Jagdflugzeuges aber von Sparmaßnahmen verschont bleibt?

Mangelnde Flexibilität und Erwartungen der Industrie, die über den vom Parlament für 1993 gebilligten Haushalt hinausgehen, passen nicht in die politische Landschaft. Sie gefährden das Projekt. Ich bin aber zuversichtlich, daß die notwendigen vertraglichen Regelungen für die Verlangsamung des Projekts in Kürze getroffen werden können.

VI.

Der grundlegende Wandel in der Politik stellt auch unsere Bundeswehr vor die größte Herausforderung ihrer Geschichte. Sie muß alles gleichzeitig leisten: Sie wird stark reduziert, sie gliedert grundlegend um, sie baut die Truppenteile im Osten unseres Landes weiter auf, sie bereitet sich auf völlig neue Aufgaben vor, und sie muß eisern sparen. Das kommt faktisch einem Neuaufbau gleich.

Die Soldaten und zivilen Angehörigen der Bundeswehr stellen sich dieser Herausforderung aktiv. Sie bewältigen den Umbruch, der große Belastungen für die Verbände, den Einzelnen und die Familien mit sich bringt, besser als alle anderen Gruppen der Gesellschaft.

Gleichzeitig leisten sie Vorbildliches. Der Einsatz deutscher Soldaten im Rahmen der humanitären Hilfaktionen der UN — in Kambodscha, in Bosnien, in Somalia und im Irak — hat weltweit große Anerkennung gefunden. Die organisatorischen Leistungen und das menschliche Engagement, das der Umbruch vor Ort in den Garnisonen fordert, sind enorm.

Die Soldaten und zivilen Mitarbeiter stellen damit Tag für Tag unter Beweis: Sie sind hochmotiviert, sie werden professionell ausgebildet und sie erfüllen schon heute einen Teil des neuen Auftrags der Bundeswehr mit Bravour. Dafür gebührt ihnen Dank, Anerkennung und Unterstützung aller Mitbürger.

Wir müssen die kommenden Bewährungsproben gemeinsam bestehen. Auch künftig sind wir auf einheimische Wehrtechnik und nationale Spitzentechnologie angewiesen. Bundeswehr und wehrtechnische Industrie müssen sich gemeinsam auf die neuen Herausforderungen einstellen, wenn sie zukunftsfähig bleiben wollen.